华历史人文丛书 街道卷

白莲池

刘小葵 蒋松谷 著

四川文艺出版社

图书在版编目（CIP）数据

白莲池 / 刘小葵, 蒋松谷著. — 成都 : 四川文艺
出版社, 2018.12（2022.1重印）
（成都·成华历史人文丛书）
ISBN 978-7-5411-5219-1

Ⅰ.①白… Ⅱ.①刘… ②蒋… Ⅲ.①文化史—
成都—通俗读物 Ⅳ.①K297.11-49

中国版本图书馆CIP数据核字(2018)第300607号

BAILIANCHI

白莲池

刘小葵　蒋松谷　著

责任编辑	赵海海　燕啸波
封面设计	叶　茂
内文设计	叶　茂
责任校对	蓝　海

出版发行　四川文艺出版社（成都市槐树街2号）
网　　址　www.scwys.com
电　　话　028-86259287（发行部）　　028-86259303（编辑部）
传　　真　028-86259306

邮购地址　成都市槐树街2号四川文艺出版社邮购部　610031
排　　版　四川最近文化传播有限公司
印　　刷　永清县晔盛亚胶印有限公司

成品尺寸	157mm×235mm	开　本	16开
印　张	12	字　数	140千
版　次	2018年12月第一版	印　次	2022年1月第二次印刷
书　号	ISBN 978-7-5411-5219-1		
定　价	35.00元		

总序

  成华区作为成都历史上独立的行政区划，是从 1990 年开始的，它是一个非常年轻的区。但是成华这块土地，作为古老成都的一个重要组成区域，则有着悠远的历史与深厚的文化根基。

  "成华"区名，是成都县与华阳县两个历史地理概念的合称，而成都与华阳很早就出现在古代典籍中。《山海经·大荒北经》中曾有"大荒之中，有山名曰成都载天"的记载，有学者据此认为，成都可能是远古时候的一个国名，或者是古族名。华阳之名也一样悠久，《尚书·禹贡》云："华阳黑水惟梁州。"梁州是上古的九州之一，包括今天川渝及陕滇黔的个别地方，华阳即华山之阳，是指华山以南地方。东晋常璩所撰写的西南地方历史著作《华阳国志》便以地名为书名。或许正是因为这个缘故，地处"华山之阳"的成都平原上便有了华阳县，也从此形成了成都市区二县共拥一城的格局。唐人李吉甫在地理名著《元和郡县图志》一书中，对成都与华阳作了更进一步的记载："成都县，本南夷蜀侯之所理也，秦惠王遣张仪、司马错定蜀，因筑城而郡县之。""华阳县，本汉广都县地，贞观十七年分蜀县置。乾元元年为华阳县，华阳本蜀国之号，因以为名。"由此可见，成都与华阳历史之悠久，仅从行政区域角度看，成都从最初置县至今已有两千三百多年，而华阳从唐乾元元年（758）至今也有一千二百多年了。

  不仅成华之名源远流长，具有丰富的人文内涵，成华这片土地更是积淀着厚重的历史与文化。可以说成华既是一部沉甸甸的史书，也是一首动人心魄的长诗。这里有纵贯全境且流淌着历史血液与透露着浓烈人文气息的沙河，有一万年前古人类使用过的石器，有堆积数千年文明的羊子山，有初建成都城挖土形成的北池，有浸透了汉赋韵律的驷马桥，有塞北雄浑的穹顶式和陵，有闻名宇内的川西第一禅林，有道家留下的浪漫神话传说，有移民创造的客家文化，还有难忘的当代工业文明记忆，还有世界的宠儿大熊猫……

成华有叙述不尽的历史故事。

成华有百看不厌的人文风景。

成华的历史是悠久的巴蜀历史的一部分；成华土地上生长的文明是灿烂的巴蜀文明的重要组成部分。

为了把这耀眼的历史文化集中而清晰地展现给人们，同时也为后世保留一笔珍贵的精神财富，中共成华区委和成华区人民政府立足全区资源禀赋和现实基础，将组织编写并出版"成都·成华历史人文丛书"纳入"文化品牌塑造"工程的重要内容之一。由成华区委宣传部、成华区文联、成华区文旅体局、成华区地志办等单位牵头策划，并组织一批学者、作家共同完成这套丛书，包括综合卷与街道卷两大部分，共计二十册。其中综合卷六册，街道卷十四册。综合卷从宏观的视野述说沙河的过往，清理历史的遗迹，讲述客家的故事，描写熊猫的经历，抒写诗文的成华，回眸东郊工业文明的辉煌成就。街道卷则更多从细微处入手，集中挖掘与整理蕴藏在社区、在民间的历史文化片断。

历史潮流滚滚前行。成华作为日益国际化的成都主城区之一，随着城市化进程的深入推进，对生活在成华本土的"原住民"和外来"移民"，更加渴望了解脚下这片土地，构建了积极的文化归宿。此次大规模地全面梳理、挖掘本土历史，并以人文地理散文的形式出版，在成华建区史上尚属首次。这既顺应了群众呼声、历史潮流，又充分展现了成华人的文化自觉和文化自信。

"成都·成华历史人文丛书"是成华人对成华悠久历史、深厚文化的一次深邃的打量，更是成华人献给自身脚下这片土地的一份深情与厚爱！

书籍记录岁月，照亮历史，传播文化。书籍是人类精神文明的载体，中华数千年的历史文化传承，书籍功莫大焉。如今，中国人民正在追求民族复兴的伟大梦想，通过书籍去回顾历史、展望未来，乃是实现这一复兴之梦的重要路径。

身在"华阳国"中的成华人，也有自己的梦。传承悠久的巴蜀文明，弘扬优秀的天府文化，正是我们的圆梦方式之一。

这便是出版"成都·成华历史人文丛书"的宗旨和意义之所在。

张义奇　蒋松谷

序

从党的十七届六中全会做出加快文化体制改革的决定以来，特别是习近平总书记纪念延安文艺座谈会重要讲话发表以来，发掘和弘扬优秀历史文化，用以服务并促进物质文明和精神文明建设，已经越来越成为增长方式创新的重要路径，成为改革发展和区域竞争的重头戏，得到普遍重视和优先推进。

作为建区历史渐望而立的新区，成华的区域历史文化定位和构建厚积薄发，向下发掘宝藏，向上生长力量，以深厚的底蕴和笃定的信心描绘"中西部综合实力一流城区"的宏大画卷。以孟知祥墓为代表的蜀文化，以大熊猫繁育研究基地为代表的生态文化，以东郊记忆为代表的工业文化，以建设路商圈为代表的时尚文化以及以"新北商圈"为代表的商业文化……一张张文化名片不仅标志着成华的强势崛起，也预示着"文化强区"作为区域软实力，必将持续地将成华引向更加辉煌的未来！

白莲池街道办事处是在 2015 年 3 月成都市"北城改造"的热潮中诞生的新街道。良好的区位优势、厚实的生态底本、完善的规划、充足的土地存量，使她甫一诞生，就具有一个新建城区前瞻思维、高位求进的物质基础。白莲池、将军碑、斧头山、狮子山、一里塘、回龙寺……处处散落的历史文化遗存，像一颗颗璀璨的珍珠，镶嵌在斑驳陆离的建筑石刻里，镌刻在浩如烟海的典籍碑记里，流传在父老乡贤口耳相传的记忆里，融化在乡饮酒礼古典雅致的习俗里……这些，与日新月异的现代文明大烩文煨，烹制成一道特色鲜明的文化风味，丰富着成都文化的深刻内涵。白莲池街道工作者以高度的历史责任感，成立之初，便提出了"一年打基础、三年见成效、五年城市化"的发展思路，"新北天地、幸福白莲"的发展定位，"一芯两翼"的发展重点以及建设"经济发展、社会和谐、人民幸福"的宜商、宜居新白莲的发展目标。准确把握新常态背景下科学发展的切入点和着力点，深耕历史文化土层，以引领者的文化自觉培育广泛的文化自信，奠定片区发展新局，相信好的思路一定可以探索出区域经济社会文化全面进步的崭新出路！

感谢这块土地上为钩沉历史夯筑未来而殚精竭虑的父老乡亲和文化工作者，正如当年从这块土地上取土构筑成都今日之城的先民们一样，我们的一箕一畚，亦将点亮成华的明日之光，以历史文化之火，烛照星空！

刘小葵　蒋松谷

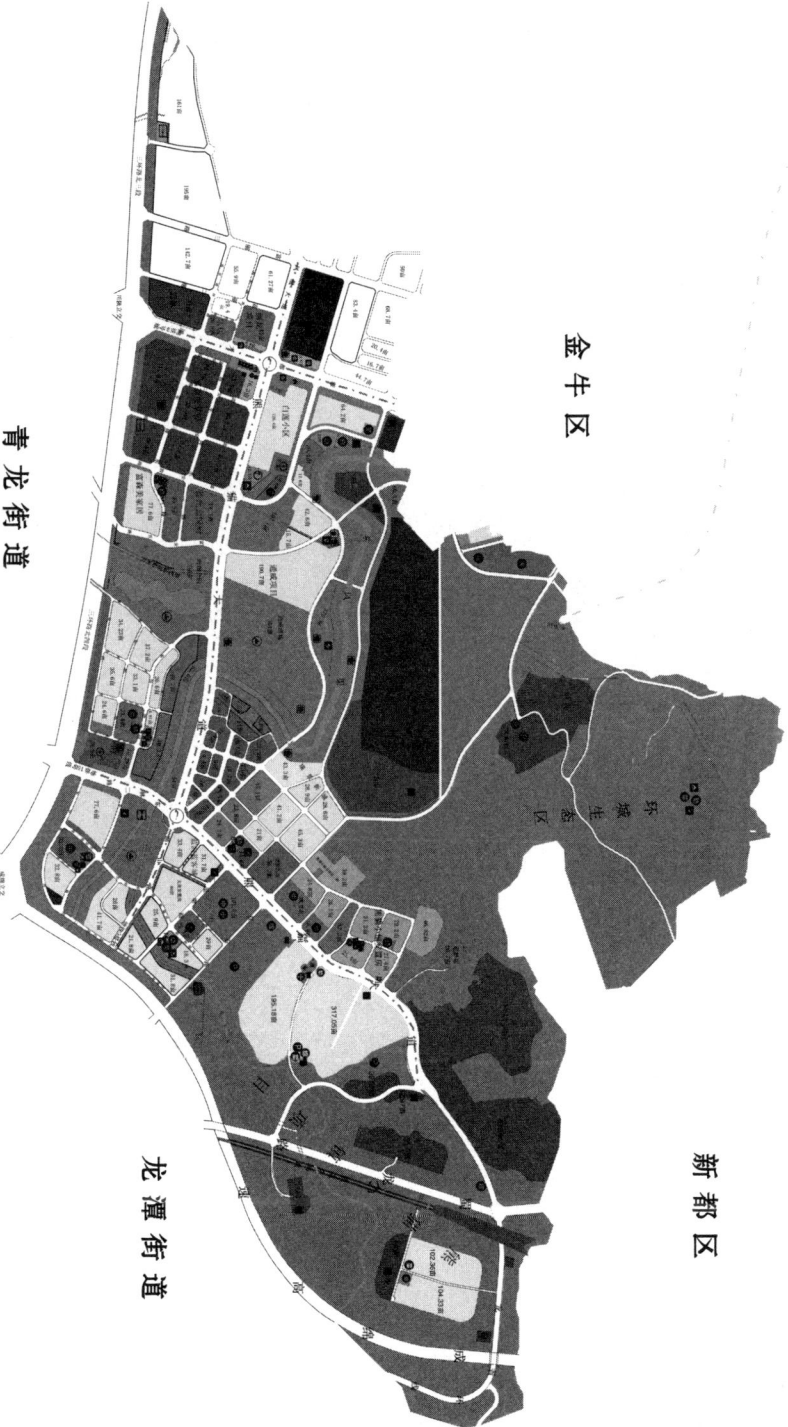

成都市成华区白莲池街道规划示意图

金牛区

新都区

青龙街道

龙潭街道

目录

后记

前世今生

秦成万岁池

四川版的女娲补天和关公担山都与白莲池有关。两则都是关于白莲池及其周边山形水势起源来历的传说。

第一则这么讲——相传远古时期，成都平原遭遇了极端暴雨天气，也就是我们俗称的"天漏"了。刹那间，洪水横流，房屋倾倒，人们纷纷往地势高处逃命。然而，就在滂沱的雨雾之中，只见一位姑娘裙裾飞扬，肩挑如山的箩筐，往黑云压城并透出丝丝光亮的地方而去，因为她知道，那片天被打破了。

大家伙儿一起喊："雨天路滑，小心啊。"她回答："没问题，你们等着我的好消息。"这位比肩天神夸娥氏的女子，劳累数日，终于完成了补天壮举，将成都平原从汪洋一片变回沃野千里。她心下一喜，步伐顿时轻盈了许多，哪知脚下一滑，身形下坠，急忙单手撑地，一个屁股墩跌坐在地，箩筐中的残石也倾倒而出。

这一意外却致出现了"两山一池一坝"的新地貌。残石堆叠，成了天隍、凤凰二山；跌坐成凼，成了后来的万岁池。而她单手撑地处，就是池旁的一个地名——五叉坝。

另一则关公担山的故事与此大同小异，只不过主人公换成了少年关羽。

话说东汉末年，成都平原甚是广大，周边一马平川，没有巉岩峻岭，不利防御，天府之国的富庶易遭受兵罹之灾。于是有天神投胎人间，十七年后长成了一个红脸少年。这少年正是后来叱咤风云的关羽关云长。

少年关羽此时虽已练得一身本领，但由于出身草根，乃区区一介布衣，为衣食之虞，不得不外出做事。关羽来到成都，在北门外正遇上一人家修房架屋，于是他就在建筑工地做了一搬运工，负责挑运沙石泥土。由于工期紧任务重，下雨天关羽也没闲着。他挑着泥土穿梭于工地之间，由于雨天路滑，一不小心，跌了一跤。随之天地变色、山川易容。他跌坐的地方变成了一汪硕大的水池，就是今天的白莲池。两只脚踩出的坑，成了今天的钟家堰和裤裆堰。筐里的沙石堆积成了两座山，左边是磨盘山，右边是凤凰山。后来刘禅晓得这山是关羽挑来的，倍感亲切，便常上山练习骑射，人们就把此山叫作"学射山"。

探究这两则颇为相似的神话传说，神异色彩看似荒诞不经，其实内含着人间诸多的行为规则，它反映了当地百姓借助神话和传说解释白莲池周边自然地貌的形成，并渴求山川田地为民所用的朴素愿望。

神话传说有着奇丽的幻想和浪漫的色彩，是后世文学创作取之不尽、用之不竭的题材源泉，但千万别把它当成史料来读。那白莲池成于何朝？史载哪册呢？

翻开《华阳国志·蜀志》，我们可以看到这样的记载，说是在秦惠文王二十七年（前311），秦相张仪和蜀守张若共同营造了一座"周十二里，高七丈"的成都城。

在明代出现砖石筑城以前，由于生产力水平的原因，古代建城主要方式是夯土筑城。《华阳国志》说："其筑城取土，去城十里，因以养鱼，今万岁池是也。"这段话告诉了我们一个重要信息——张仪取土筑城形成的大坑，叫作"万岁池"。

有人就会质疑了，张仪怎么想的呢？筑城就地取土不行么，非得那么劳神费力跑十里远去？的确，古代北方的许多城池，都采用就地取土，夯筑成墙的做法。比如北宋的东京汴梁，就直接在护城河里取土筑城，省人工花钱少，方便又实惠。

这法子，在成都行吗？

传说，张仪就地取土建成都城，筑了又塌，塌了又筑，屡筑屡颓。就算是张仪也烦恼丛生。这一日，正巡查工地苦想对策，忽见一只大龟绕城而行，顿时大悟，便按照龟行路径筑城，大功告成，因此古成都又名"龟城"，或"龟化城"。到了东晋，一部叫《搜神记》的志怪小说把此事演绎得更加玄乎：一龟浮游江上，到了东南角（今天的合江亭处），竟死在那里。张仪请教巫师，巫师指着龟壳说：照此办理，大事可成。

北池取土筑秦城的浩大场景，没见文字记载，但我们可以通过唐朝高骈修筑成都罗城的诗篇窥见当时的情形。唐人顾云《筑城篇》写道：

> 三十六里西川地，围绕城郭峨天横。
> 一家人率一口覽，版筑才兴城已成。
> 役夫登登无倦色，馔饱觞酣方暂息。
> 不假神龟出指踪，尽凭心匠为筹画。
> 画阁团团真铁瓮，堵阔巉岩齐石壁。
> 风吹四面旌旗动，火焰相烧满天赤。
> 散花楼晚挂残虹，濯锦秋江澄倒碧。
> 西川父老贺子孙，从兹始是中华人。

　　传说尽管精彩神奇，但它忽略了建城"屡筑屡颓"的根本原因——建筑材料问题。古代的成都平原，河港密布，沟渠纵横，由岷江水系千百年的冲积而成。其地多为黑泥沙石，腐殖质极多，肥沃润泽，是成就天府之国、膏腴之地的重要支撑。然而，这种松软的土质，黏性极差，不适合做夯土筑城的建材。非要用它筑城，不塌陷才是怪事。

　　笔者见到一份地质报告说，位于磨盘山顶的石子岭，其地质剖面依次是：黏土厚一米左右，细砾和中砾砾石层厚三米，亚砂土厚一米，粗砾层厚两米……全剖面呈鲜黄色，似有韵律现象。在成都东山一带的黄泥黏土，虽不及成都平原上的黑泥沙土肥沃，但其黏合能力出众，是筑垒城垣的好材料。

　　张仪知道取土不能只盯着一个地方，因此，除了万岁池外，筑城取土而形成的还有城北的龙坝池、城东的千秋池、城西的柳池、西北的天井池。万岁池位于城北，故唐宋时期又称之为"北池""北湖"。

　　这几个池子中，千秋池和万岁池经常并称。直到今天，还有"东千秋北万岁"之说。古代由于万岁池占地广袤，故有"万顷池"之称，甚至取"千秋万岁"这样的名字，这与东方不败的"千秋万载，一统江湖"的思路应该是如出一辙的。也有说该池为刘禅、孟昶等帝王的游乐之地，故名"万岁池"。

　　唐天宝年间（742—755），剑南节度使章仇兼琼在万岁池筑堤坝，蓄水用于灌溉。到了宋朝绍兴年间（1131—1162），万岁池方圆十里，能灌溉三乡田地，但因年久淤积，妨碍灌溉，龙图阁待制兼成都知府王刚中亲自负责疏通，并植榆柳于池之周围，表以石柱，老百姓无不称颂："王公直父母官也。"

唐宋拜水地

　　"拜水都江堰，问道青城山"，余秋雨为成都题的城市广告语，很好也很火。可若回到唐宋时期，就应是"拜水万岁池，问道学射山。"

　　《旧唐书·德宗纪下》有这样一段记载：贞元四年（788）九月，唐德宗下诏说："今方隅无事、烝庶小康，其正月晦日、三月三日……宜任文武官僚选胜地追赏为乐。"翻译过来大意为：现在天下太平，百姓小康，正月的最后一天、三月三等日子都定为国家节日，各地文武官员要选当地文化风景胜地游赏玩乐。

　　时任剑南西川节度使的韦皋积极响应号召，把万岁池、学射山重新开发成了旅游胜地。因为《华阳国志》载，"（万岁池）其园囿因之"。何谓"园囿"？就是周以围墙，布置亭榭石木，间或畜有鸟兽的皇家花园。"因之"，因循也，是说历朝历代都延续旧制，把这些地方当成皇家花园或者高档园林。

　　万岁池边究竟有什么园林建筑呢？《大元混一方舆胜览》记载，在万岁池边有一座龙坛。因何而建，还有一个故事。

　　唐开元中，有僧诵《法华经》。有老叟来听，僧问之，曰："我池中龙也。"上僧曰："方旱，何不降雨？"叟曰："凡雨，须天符，不尔，天诛之。今当为师降雨，师其葬我。"是夕，大雨，质明，池边大蛇斩，而两僧取焚之，为立塔，呼为龙坛。

　　韦皋还聚集了一批文化名人，宣传工作也做得有声有色。唐德宗贞元年间（785—804）的某个晦日，一位叫司空曙的诗人陪同韦皋来到白莲池游宴，并记录下了当时的情景。他在这首《晦日益州北池陪宴》写道：

临泛从公日，仙舟翠幕张。七桥通碧沼，双树接花塘。
玉烛收寒气，金波隐夕光。野闻歌管思，水静绮罗香。
游骑萦林远，飞桡截岸长。郊原怀灞浐，陂漾写江潢。
常侍传花诏，偏裨问羽觞。岂令南岘首，千载播余芳。

在一个乍暖还寒的晦日，一众西川官员，泛舟万岁池。池水倒映着夕阳的点点金光，暮色降临，蜡烛荧光驱走初春的寒意。郊野间的歌声乐声婉转动人，池水畔的美女香气依然萦绕。远处骑兵巡逻，近旁游船排列。万岁池的一切，让人想起了京城长安的美景，小湖汊也是通向大江的啊！官员传来赏赐的诏令，偏将询问斟酒的多少。希望今天的北池夜宴，能留下千古的芬芳。

永贞元年（805）八月，西川节度使韦皋死于任上，韦皋的副手刘辟代理节度使事。在次年三月三日的上巳日，幕僚符载陪同刘辟，参与在万岁池举行的龙舟盛会。符载写了一篇《上巳日陪刘尚书宴集北池序》，后收入了《全唐文》卷六九〇。全文如下：

才智宏杰者其人尊，政教易简者其民泰，时节和畅者其游盛，地形盘郁者其宴雄。我尚书刘公，挺天姿之英特，采人心之愉乐，乘上巳之暄淑，趣北池之汗漫，操四驾，腾百祥，皇皇煜煜，气象飘动，真高会也。况乎九天之泽，滂沱下澍，新握龙节，保宁坤维，苟或风流褊俭不耀，是则欲憔悴宠荣也，岂承荷锡命之意乎？

岩岩西蜀，古称天府之奥也。江山数千里，羌蛮万余落，岁时风俗豪侈。凡所好尚，奇伟谲怪。遭值此际，得摅胸襟，故尤为壮观矣。先期旬日也，严经术，洗涯岸，洞篁筱，炽台榭。有事之辰也，拥幢盖，揖宾客，寅及于近郊，卯及于北池。其降车也，鼛鼓发；登舟也，丝桐揭；解缆也，百戏作。

览水府，摧江蓠，叱天吴，拉冯夷，跃龟鱼，腾蛟螭，召琴高，啸宓妃，引蓬壶以回泊，若云蔚而霞帔，一何壮也。及乎耳烦目剧，绵趣静境，稍自引去于空阔，水波不动，四罗郡山，籍裾坐于天上，思虑游于象表，又何旷也。观夫水嬉之伦，储精蓄锐，天高日晏，思奋余勇，实有赤县，两为朋曹，献奇较艺，钩索胜负，于是划万人之浩扰，窅一路之清泚。南北稳彻，中无飞鸟。爰挂锦彩，从风为标，烂然长虹，横拖空碧。乃计才力，量远迩，一号令，雷鼓而飞。千桡动，万夫呼，闪电流于目眦，羽翼生于肘下。观者山立，阴助斗志，肺肠为之沸渭，草树为之偃悴。揭竿取胜，扬旌而旋。观其猛厉之气，腾陵之势，崇山可破也，青天可登也。若使移于摧坚陷阵之地，宁有对宇宙乎？夫文质殊途，古今异宜，君子作事，得时也。是都也，有军旅焉，有南诏焉，有西戎焉，尚或以清流激湍，一觞一咏为宾客之娱者，是不知变也，而识者咍之。

其观一时之能事，成千古之休烈，在今辰也。岂与夫永和少长咸集同日而言哉？载自顾薄劣，尘厕下介，谬处陈璋之任，被命首叙，敢逡巡乎？请赋八韵，以耀兰亭诸子也。

先是故太师韦公，因是令节，课宾僚赋诗，乃取诸"黄裳"以为韵。今尚书继之以"青"，盖欲使其五色相宣耳。

开篇赞美新任西川节度使刘辟顺应蜀中风俗，在上巳日举办壮观的龙舟盛会。次写竞渡前鼓乐齐鸣、百戏杂陈的壮观。接写绵趣静境后的空旷。高潮部分从竞者与观者两方面，描写竞渡时的壮观场面，表现其崇山可破，青天可登的猛厉气概。第四段从与兰亭修葺的对比中，高度评价了举行竞渡活动的意义——乃是因时因地制宜的与民同乐的君子之举。结尾点明令节赋诗及用"青"字韵作诗的来由。全文在动词的锤炼，短句的运用，描写得细腻逼真，在竞渡文学中均堪称绝妙。特别是在与兰亭修葺的比较中，突出其与民同乐的思想，表现了文人情怀与天下情怀的区别，可谓识见高远。

在宋朝，拜水万岁池更是成都人上巳节的风俗。淳熙二年（1175），范成大受任为四川制置使，知成都府，在公务之余，他也常常到万岁池游玩宴饮，与民同乐。游览期间，他诗兴大发，提笔写下两首诗，一首叫《上巳前一日学射山万岁池故事》，诗中道：

北郊征路记前回，三尺惊尘马踏开。

新涨忽明多病眼，好风如把及时杯。

青黄麦垄平平去，疏密桤林整整来。

游骑不知都几许？长堤十里转轻雷。

还有一首叫《上巳日万岁池坐上呈程咏之提刑》，诗中写道：

降春酒暖绛烟霏，涨水天平雪浪迟。
绿岸翻鸥如北渚，红尘跃马似西池。
麦苗剪剪尝新面，梅子双双带折枝。
试比长安水边景，只无饥客为题诗。

淳熙十五年（1188），京镗任四川安抚制置使兼知成都府。广袤十里的万岁池，春天垂柳依依，晚上官府往往在此张灯设宴，招待宾朋，之后就泛舟池中。这里也是成都人游乐的好去处。在京镗《念奴娇·上巳日游北湖》一词中提到的"北湖"，即是万岁池。

锦城城北，有平湖，仿佛西湖西畔。载酒郊坰修禊事，雅称兰舟同泛。麦垅黄轻，桤林绿重，莫厌春光晚。棹歌声发，飞来鸥鹭惊散。　　好是水涨弥漫，山围周匝，不尽青青岸。除却钱塘门外见，只说此间奇观。句引游人，追陪佳客，三载成留恋。古今陈迹，从教分付弦管。

京镗将万岁池的景色与杭州西湖相媲美，四野麦垄如万顷黄云堆积，湖畔绿树苍苍，湖水波光粼粼，游船摇曳生姿，好一幅蜀中士民拜水同乐图。

清时白莲池

　　昭觉寺，建于唐，盛于宋，毁于明，复兴于清，人称"川西第一禅林"。离昭觉寺不远，有一洼浩瀚的水泊，叫万岁池。这洼水面，传说形成于秦，唐宋时为成都人周末喝茶饮酒的去处。那昭觉寺与万岁池，二者历史上有什么关系呢？

　　康熙二十二年（1683）六月，浙江人方象瑛到四川主持古代"高考"工作。他一路跋涉，花了三个月时间，九月初来到成都。一进成都，他和同行者被眼前的景象惊呆了，只见"乱后中衢茅屋数十家，余皆茂草，虎迹遍街巷……民居周垣不蔽，篱落而已。余谓虎狼且攫人，何关防为遣！"……原来最为繁华的中央大街，高楼塌了，茅草长了，人花花儿都不见，豺狼虎豹等扫街吃货倒是一串串。

　　成都外北的昭觉寺当时是什么样的呢？请看当时一位叫王璲的人的记录：

　　　　僧窗夜雨话前朝，衰老谁知意气销。
　　　　元亮归来依慧远，少游客久遇参寥。
　　　　荒烟乱后居民尽，古寺钟残旅梦遥。
　　　　阅罢沧桑伤往事，一枝何处寄鹪鹩。

　　在昭觉寺的废墟上，一位叫丈雪通醉的僧人，立志要恢复昭觉古寺，经过几年的辛苦劳累，在成都城尚在重建之时，昭觉寺已经初具规模。于是，这就有了"先有昭觉寺，后有成都城"的说法。

到了康熙二十六年（1687），四川巡抚姚缔虞、提督吴英、布政使李辉祖及前任布政使刘显第、按察使王业兴、成都知府佟世雍、成都知县宋右举联合发文，发布了昭觉寺的田产范围。

前抵驷马桥，后达白莲池，左抵升仙铺，右达大团山。同时，昭觉寺还有下院欢喜庵、圆悟关，城内有太平寺、慈氏庵，双流县有潮音寺。

这公告确定，白莲池为昭觉寺庙产。那片水洼，又为何从万岁池改名叫白莲池的呢？

原来，这丈雪通醉是双桂堂破山禅师的弟子，破山常常借出淤泥而不染的白莲花，来表明在乱世中外浊内清的心迹。破山在一首《移新荷口占》的小诗中，写道：

种自污泥开白莲，就中无染是天然。
应知浊世多贤圣，岂在随方又逐圆。

加之白莲为佛教圣物，传说往生净土的人就化生在七宝池的莲花中。多种情节的叠加，爱屋及乌，因此，丈雪对白莲情有独钟，就在池中大量种植白莲。久而久之，人们就把万岁池唤作了白莲池，一直到今天。

还有一个故事，说丈雪曾为一位叫可闻的僧人印证所悟，相当于今天作毕业鉴定。而这位可闻禅师的母亲生他的前一夜，梦见白莲花绽放。可闻父亲说：莲花是洁净的象征，出污泥而不染。如果生的是儿子，一定不同凡响。丈雪对这位梦莲而生、来到昭觉寺求教的僧人，自然生出好感，欣然题偈诗一首：

> 万岁池深系岸固，从来不许人轻搁。
> 俄分一滴与愿王，遍界为霖洒甘露。

丈雪老人不仅是昭觉寺有清一代的开山祖师，也是一位诗词功底深厚的诗人。他常常和来到昭觉寺的文人墨客诗词唱和，而在这些诗词中，又经常是将昭觉禅意与白莲诗意结合起来，一起出现在同一首诗词当中。

与丈雪同时代的吕潜，四川遂宁人，是南明宰相吕大器的儿子。他来到昭觉寺时，战乱的痕迹依然，但在村野炊烟间，佛寺已经巍然矗立起来。在借宿昭觉寺的那一晚，他听取了丈雪的重建计划，寺里不仅要栽藤本植物、勒石刻诗，而且"拟向池头种白莲"。他在《宿昭觉寺》中说：

> 江左兴怀四十年，揖公白发草堂前。
> 金戈屡见愁荒棘，绀殿巍然立野烟。
> 手植尺藤今作杖，句题片石早成编。
> 为怜归客时招隐，拟向池头种白莲。

一位叫行裕的在与丈雪唱和的《次丈老人韵》诗中，就高度赞扬了白莲亭亭玉立、满池藕花飘香的美景。诗中写道：

> 凤字不题诚看竹，藕根尚续白莲香。
> 千松树挂龙蛇影，双镜池开日月光。
> 自信山居怀往哲，敢云法战启疆场。
> 好音慰我鹊鸰怨，食椹谁知不在桑。

莲花种下去了，不同的气候下，那纯洁精灵的化身，是什么样的呢？有一个叫郎新秩的丰都人，康熙初年做过徐州知府，他在《诣昭觉寺》一诗中说，乌云片片飞过，笼罩着青翠的山冈，墨雨点点，洒落在白莲花瓣上。

> 春风策褰度祇园，野径苍松别一天。
> 圆悟道场年五百，破山法嗣振三千。
> 慈云片片飞青嶂，墨雨飘飘点白莲。
> 此日相逢烟雨下，宿缘有愿共君先。

遍种白莲的风尚，也延续到了后世。到了乾隆时期，著名文人李调元来到成都外北，坐在驷马桥边歇歇脚喝喝茶，片刻工夫，留下《升仙桥小憩即驷马桥》的小诗：

秋阳如甑暂停车，驷马桥头唤泡茶。

怪道行人尽携藕，桥南无数白莲花。

秋老虎啊，像甑子一般，下车来歇一歇，在驷马桥头喊碗茶喝。抬眼望去，来往的行人，菜篮子里提的都是雪白的藕节，原来这一带种莲藕早已成为风俗。

咸丰癸丑进士黄云鹄，是北宋黄庭坚十七代世孙，晚清著名学者，曾做过二品的四川盐茶道，他主张"王子犯法与庶民同罪"，为官清廉正直，执法严谨，不畏强暴，被世人誉为"黄青天"。因不与当时官场同流合污，得罪了权势，官越做越小，最后辞官返籍，潜心经学与书法。因此，对出污泥而不染的风标，有极其深厚的感悟。他曾经到昭觉寺游玩，留下了纪念文字，其中一首诗的题目就叫《出游昭觉寺后园，望龙岭威凤诸山，循白莲池而旋》。

在另一首《游昭觉寺》中，黄云鹄写道：

冻雨阴云忽放晴，寻诗林里杖藜行。

回龙岭上烟痕淡，威凤山前夕烧横。

得暇咏犹良是福，忧时劳瘁竟何成。

莲池十顷霜天水，万古千秋鉴此情。

在昭觉寺，眺望四围山色，只见"回龙岭上烟痕淡，威凤山前夕烧横"。而白莲池偌大的水面上，荷叶田田，莲花朵朵，我不同流合污的情结，万古千秋，天地可鉴。

今天，我们经常见到白鹭从白莲池的水面上飞掠而过。当年，就有人把白鹭与白莲作了生动的比较。一首名叫《白莲》的诗中写道：

　　碧玉长柯血色衣，夜深看见也相疑。
　　数行鹭立波心月，拍手惊它不肯飞。

用通俗易懂的大白话说：白莲如美人，夜色里看，水波中、月影下，疑以为白鹭，拍拍手，却不惊飞，始知非白鹭，是白莲。

有清一代，白莲池与昭觉寺有着密切的联系，白莲池是昭觉寺的莲花池和放生池。直到今天，人们还将二者连在一起传唱。在一首《成都街名歌谣》中就唱道：

　　将军碑后白莲池，抬头看见凤凰山。
　　昭觉寺在青龙场，第一禅林不虚传。

名称中的古今

将军碑社区位于今将军社区四组，川陕公路旁。将军碑得名的来由，有多种说法：一说唐代一将军葬此，立墓碑一通（已毁，无考）。一说明代将军葬此立碑。一说清代阿桂将军征大小金川有功，在此建生祠并立碑纪功。一说光绪年间，成都都督府将军固原加葬此立碑，据说固原加的碑及碑座高三米，宽一米八，正面楷书"皇诰封钦加轻车都尉固原加将军之墓……"等字，1979年扩修川陕路时，碑埋入路基下。

狮子社区《华阳县志》记载："东北之首曰回龙山……有一阜曰鹅公包，自此乃入县境。约三里曰狮子包……"鹅公包在狮子社区六组，因形似鹅头，故名。狮子包在狮子社区二组，因山包形似昂首长啸的狮头而得名，也是成华区与新都县以包顶而分界。当地泥土呈赭黄色，物产丰富，出产得二荆条海椒色香味辣，远近闻名。

回龙社区因此地有回龙山而得名。与新都三河、木兰交界。传说，张仪从秦地取土筑成都城，多出的土石方绵延，形似一条长龙，龙头回首处，就是回龙山。山顶旧有回龙寺。回龙山，一名斧头山，在磨盘山脊，因形似斧头而得名，现为成都大熊猫繁育研究基地。

一里塘社区原来此地有一口狭长堰塘，其边长约一华里，人们因此称之为"一里塘"。约在今一里塘一、三、八组接壤处。1977年后改作农田，今塘废而名存。该社区有数棵红豆杉，被列为当地的名木古树，据说有一百五十多年的历史，最大的树围约有两米一，树高二十一米。

石岭社区原又叫石子岭，地处磨盘山顶，多鸡骨石子，故名。境内磨盘山有成都城区最高点，海拔五百九十四米。磨盘山，被称之为成都的"八宝山"，独臂将军贺炳炎、著名作家李劼人、文化名人张秀熟、老红军天宝、"二·一六"烈士等安息于此。

白莲池社区传说秦筑成都，取土成坑，蓄水成池，唐宋时名为"万岁池"或"万顷池"。清代昭觉寺僧人在此遍种白莲花，故名"白莲池"。

五叉坝传说很久以前，有一位英雄叫女娲，因天穹破损，星月无光，大地一片漆黑。她便不辞辛劳担泥补天。一天，女娲挑一担泥土行走间，不慎摔了一跤。此事感动了天上的五条龙，它们自五方奔来救了女娲，龙来的地方，后来就形成五条路。这就是五叉坝的来历。还有一说，细节稍有不同。说女娲挑石补天，脚下一滑，手掌撑地而成五个手印，故名。其实，此地原为五条道路的交叉点，因形似五指张开状，故名"五叉坝"。

欢喜庵位于原将军碑社区六组境内，现动物园大门对面。始建于何时，已经不可考。清同治四年（1865）重新培修，1949年后毁。

成华桥位于今狮子社区五组与龙潭街道合成四组交界处。据《华阳县志》记载，因此桥坐落在原成都县和华阳县交界的一条水渠上，故名。据悉，该桥宽两米五，石头砌成。20世纪80年代，该桥基石尚且完整，桥面石板仅存两块。桥旁原有一碑，由于年久风化，仅能见到"乾（隆）五十年乙巳岁仲春日……"等字样。

　　大营门位于原将军碑社区八组境内，相传为古代练兵和军队驻防的营盘遗址。

　　双土地位于原狮子四组与龙潭合成交界处。原有成都县、华阳县两座土地庙，故名。

文化地标

白莲池畔凤凰山

在中国地理上，有很多互相依傍，而又被人们相提并论的山水，如大家耳熟能详的青城山与都江堰、阿里山与日月潭、五指山与万泉河……位于成都外北的白莲池和凤凰山，也是这样的一对姊妹山水。此节单讲凤凰山。

古代旧俗：当年问道学射山

前文讲过了"拜水万岁池"，本文说说"问道学射山"。

学射山，古名"斛石山""星宿山""升仙山""威凤山"，今名"凤凰山"。历代认为蜀汉后主刘禅曾于此学射，故名。这里也曾是兵家鏖战之地。据记载，唐咸通十一年（870），南诏兵犯成都城，一名叫宋威的将军，率众迎击，一口气将南诏兵追击到星宿山。梁开平二年（908），前蜀王建在此讲武练兵。旧时有成都十景之说，如青羊春市、花溪凉阴、昭觉晓钟、威凤秋猎等，如《威凤秋猎》一诗有句：

> 雷霆声势压刀弓，学射山边烧影红。
> 木落秋高盘健马，一年一度壮心雄。

古代的学射山林木森森，道观耸峙。据隋末辛德源的《至真观记》和唐初卢照邻的《黎君碑》记载，学射山上的道教庙宇名叫"至真观"。

相传，这学射山别名"小蓬莱"，上产灵药。晋朝孝武帝时期（373—396），蜀道士张伯子曾在学射山上学道，有一年的三月三日张伯子得道，骑白虎飘然升天。于是，山上的通真观和三清殿，就供奉张伯子，而周边山水路桥也多以升仙名之，如升仙山、升仙水、升仙桥。

而三月三上巳日，问道学射山，就逐渐成了成都人的一个习俗。每到这一天，成都士庶倾城而出，巫觋卖符于道旁，问道者争相购买，佩戴在身上，以求消灾祛祸。宋人文同在《学射山仙祠记》中记载习俗："惟此山之会最极盛矣。太守与其属，候城以出，钟鼓旗旆，绵二十里无少缺。都人士女，被珠贝，服缯锦，藻缋蟆丽，映照原野，浩如翻江，华如凝霞，上下立列，穷极繁丽。徜徉徙倚，直暮而入。"赵抃的《次韵苏案游学射山》诗，同样记述了上巳日成都人郊游问道的壮观景致。

> 锦川风俗喜时平，上巳家家出郡城。
> 射圃人稠喧画鼓，龙湫波净照红旌。

陆游的《游学射山遇景道人》，问道的色彩就更加浓厚了：

> 肩舆适青郊，飞屐登翠麓。

余霜未泫瓦，晨日初挂木。

推门觅黄冠，避客似奔鹿。

虽无与晤语，清坐意亦足。

岂知逢此士，旷度超世俗。

欣然同一笑，齿颊粲冰玉。

探囊赠奇草，甘香胜芎菊。

试临清镜照，衰发森已绿。

出门恣幽讨，老仙有遗躅，

丹灶虽已空，药丸遍山谷。

嗟予迫迟暮，冠盖厌追逐，

结茅远人境，此计亦已熟。

若人真我友，玉字当共读。

客来不知处，鸡犬望云屋。

北宋田况在《成都遨乐诗二十一首》中的一首《三月三日登学射山》写道：

丽日照芳春，良会重元巳。

阳滨修袚除，华林程射技。

所尚或不同，兹俗亦足喜。

门外盛车徒，山半列廛市。

彩堋飞镝远，醉席歌声起。

回头望城郭，烟蔼相表裏。

秀色满郊原，遥景落川涘。

目倦意犹远，思余情未已。

登高贵能赋，感物畅幽旨。

宜哉贤大夫，由斯见材美。

"彩掤飞镝远，醉席歌声起"，除了问道，宋代还在这里举行射箭比赛和盛大宴会，搭建专门的射棚，还由"官妓"这样的美女来记录比赛结果。射不好可不行啊。

到了南宋，大诗人陆游与范成大是好友，在范任四川制置使期间的淳熙三年（1176），陆游见识了学射山的盛景，并写下了大量诗篇。三月一日，他应范成大之邀参加学射山的府宴：

北出升仙路少东，据鞍自笑老从戎。

百年身世酣歌里，千古功名感慨中。

天远仅分山仿佛，雾收初见日瞳昽。

横空我欲江湖去，谁借泠然御寇风。

由于收复故土的志向无从实现，陆游内心无比痛苦，百年身世的酣歌，千古功名的感慨，复杂的感情油然而生。六月，他写下了数首关于学射山的诗歌，同样表达了欲为国家建功立业的强烈愿望。如《游学射观次壁间诗韵》：

走遍人间鬓尚青，尔来乐事满余龄。

傍潭秋爽锄甘菊，登岳春暄采茯苓。

闲倚松萝论剑术，静临窗几勘丹经。

严光本是逃名者，安用天文动客星。

再如《学射道中感事》：

学射山前宿雨收，篮舆咿轧自生愁。

得闲何惜倾家酿，渐老真须秉烛游。

道废尚书犹乞米，时来校尉亦封侯。

自怜白首能豪在，车辙何因遍九州？

宋人杨甲《寒食游学射山》这样写道：

疾风吹沙天茫茫，日落未落原野黄。

山空无人石碌碌，路长马饥石啮足。

荒台古林翳云族，何人刳岩缚层屋。

当时万骑填山谷，至今拾宝多遗镞。

故国山川愁远目，人世悲欢风雨速。

凌高举酒天为麾，手攀岩树叩云木。

何人唱我凄凉曲，兴亡一眼冥冥绿。

野水平芜飞雁鹜。

到了明朝，学射山成了蜀王府的墓地，悼庄王、崇庆王等王公贵族都埋在那里。从此学射山禁止民间游玩，唐宋时期的游乐盛况也就消失了。

考古发现：颠覆番茄姓"番"的说法

如今，学射山早已改名凤凰山。它位于成都北郊武担山之北，成彭公路之东，距城近处两公里，远处四五公里。山虽不高，因在成都广阔的平原上，突兀耸立，形似凤凰展翅于城北，所以名为"凤凰山"。

1983 年 7 月 4 日，成都凤凰山园艺场砖厂工人，在挖土时发现古墓一座，立即电话告知成都市文物管理处，市文管处立即派出考古人员前往调查。经过调查考证，初步确定为西汉木椁墓。发掘清理工作从 7 月 9 日开始，到 9 月中旬结束，历时两个多月。

考古队在清理这座西汉古墓时，发现古墓底层有一藤简，里面残存着一些农作物种子，一时间没法辨识。为了防止出土的藤编器物失水后干裂损坏，考古人员们用湿布将藤简覆盖加以保护。没承想，一个多月后，藤简内竟长出四十多株形状相同的嫩芽，这是什么东西？经植物学家鉴定，竟是番茄，也叫西红柿。

这一发现，使史学界极为吃惊，因为过去人们普遍认为番茄姓番，是舶来品，它 19 世纪传入我国，仅有一百多年的历史，而这座汉墓已有两千多年。那么，番茄的祖先究竟在哪里呢？这个新的课题又摆在了史学家的面前。

经专家们反复查找文献资料，发现早在西汉初期，所谓的番茄，已经在中国大规模种植了，还曾经治好过汉武帝的病，被他封为"圣

▲ 邮票图案为凤凰山出土东汉画像砖　中国人民邮政 1958 年发行

▲ 仙人对弈——汉代画像砖（凤凰山出土）　摘自《成都文物》杂志

女果"呢！

在凤凰山还曾出土大量画像砖，其中的"弋射收获画像砖"就非常典型，它提供了西汉时期成都生产劳动的生动场景。

画像砖分上下两层。上部右边是莲池，池中有荷叶、莲花和鱼、鸭浮泳，天空群雁疾飞。左侧树荫下，隐蔽二弋人，正对准大雁引弓欲发。下层表现收获，画面中有五人在收割，两人正举起镰刀，三人在弯腰收割，最左边还有一人挑着担子。整个画面均衡优美，是一幅恬美的射猎与农耕生活画面，其中的人物和动物形象质朴生动，构图饱满，动静相宜，生活气息浓郁。此外，还出土了"仙人对弈"等画像砖。

空军机场：后方抗战重要的军事基地

凤凰山开始有飞机起降，那还是在民国五年（1916）。此后两次扩修，民国二十四年（1935）10月，民国政府电告四川省府，要求将机场扩建到一千米见方。所有征地、土石方、人工成本，均由中央政府核准发放。

民国三十二年（1943）12月，凤凰山机场被列为特种工程，扩修为驱逐机机场，成都县征集民工四千名，于民国三十三年（1944）1月正式开工，同年4月完工。

1937年，抗日全面战争爆发后，凤凰山机场作为后方基地，军事意义重大，因此，又对机场进行了改扩建，整个机场约扩大到六千亩，成为西南地区较大的军民两用机场。飞往前线参加抗战的飞机，很多就是从这里起飞的。

从 1938 年春开始到 1942 年，日本军机对凤凰山机场进行轰炸、射击达数十次，投弹上千枚，机场跑道和停放飞机均遭到过不同程度的破坏。

凤凰山机场身藏西南腹地，为什么日本空军不顾中国的防空火力，还要将穷凶极恶的魔爪伸向这里呢？因为从这里起降的战机，曾让日本人恨得牙根痒痒。

这里单讲一个故事。

1939 年 6 月，援华苏联空军的 TB-3 重型轰炸机进驻成都。10 月 3 日，被老百姓称为"乌棒机"的 TB-3 重型轰炸机从凤凰山出发，远程奔袭了日军在汉口的基地。一颗颗重磅炸弹落在机群中，落在日军指挥部前，当场炸死四名校官，另有鹿屋航空队司令大林末雄大佐等二十五人身受重伤，炸毁日机三十余架。

日军恼羞成怒，气得嗷嗷大叫，扬言要伺机报复，对凤凰山等机场实施无差别轰炸。

1939 年 11 月 4 日（农历九月二十三日），是成都北门青龙场的逢场天。那时的青龙场，赶集是逢三六九。上午 11 点过，飞机场附近的不少农民，赶了青龙场后正往家走。忽然，东北和西南方向的天空，由远而近地传来隆隆的声音，五十四架日机像一群怪叫的乌鸦呼啸而来，兵分两路直扑凤凰山机场。

"日本飞机来了，快躲，快躲啊！"

人们叫喊着，惊慌失措地四处躲藏。日机投下的一枚枚炸弹，有的落在凤凰山机场，有的落在周边林盘，轰隆隆的爆炸声，夹杂着哒哒哒的机枪扫射声，震耳欲聋。

解除警报后，查证平民损失发现，机场附近荆竹坝邓先明、周仲祥、钟祥清三户农家院落，在日军无差别轰炸中被夷为平地，生产生活物资全部化为灰烬。尤为悲惨的，是林矩成一家，全家八口人死伤五人，林矩成的妻子也不幸遇难，他们新婚才两个月。这沉重的打击，让林矩成没法承受，他精神上垮掉——疯了。

这就是著名的成都北郊"9·23"日机轰炸惨案。

1949年：蒋介石从这里登机飞往台湾

1949年11月30日夜晚，成都平原上云雾霏霏，寒气袭人。一架美国巨型客机，在两架战斗机的保护下，掠过层云密布的天空，在成都凤凰山机场降落。机舱里坐着蒋介石、阎锡山、张群、顾祝同、蒋经国、俞济时、黄少谷、陶希圣等人。面对不可挽回的大局，个个脸上的肌肉都绷得紧紧的，没有一丝笑容。

站立寒风中接驾的有川军将领王陵基、邓锡侯和先期到达的陈立夫等人。只见蒋介石头戴黄呢博士帽，身披黑呢大氅，步下了机舱舷梯，瘦削的脸紧绷着，和前来接机的各位大员一一握手。登上轿车后，他回头对俞济时说："良桢，传令下去，机组人员统统不准离开飞机，日夜值班。"

俞济时把命令传达下去后，总统专机的所有机组人员就在凤凰山机场的停机坪上，与青山作伴，和北风相随，一待就是十天。闲来无聊，也只能下机走走，望望山下那冒着凉气的白莲池。

　　冬季的成都，街道上关门闭户，行人稀少，这座地处四川盆地的城市，由于四周高山的呵护，很少有极寒天气，而这一年却下起了罕见的大雪，潮湿阴冷的北风刮在身上，寒透每一寸肌肤。

　　直到 12 月 10 日的那个下午，蒋介石的车队在坦克和装甲车护送下，再次回到凤凰山机场。迎着寒风中零落的枯叶，蒋介石以无限凄楚的目光，最后望了一眼成都凤凰山机场上空漫卷的乌云。在那片滚滚乌云以北的天空下，解放军的兵锋正逼近成都。

　　机场平展的跑道上，"美龄号"专机已发动，螺旋桨切割着寒风，发出阵阵轰鸣声。蒋介石最后看了一眼冬日的川西大地，流连的目光停在成都市区黛色的雾霭中。蒋介石和蒋经国与站在弦梯旁的胡宗南等人匆匆握了一下手，迅速钻进了机舱。飞机腾空而起，向台北飞去。

　　凤凰山，就成了蒋介石在大陆的最后涉足地。

　　十多天后的 12 月 27 日，贺龙率领的第十八兵团一百八十师进至成都北郊，占领凤凰山机场，当天抵达成都北关，控制了将军碑、昭觉寺、青龙场、驷马桥一带。

磨盘山上孟蜀陵

公元 934 年的 6 月，成都暑气正炽。登上皇帝宝座刚五个月的孟知祥，喜上加喜，迎来老部下张虔钊、孙汉韶的投奔。在盛大的欢迎宴会上，孟知祥兴致高昂，频频举杯。正酒酣耳热之时，孟知祥伸手握住的酒杯，突然定格在空中，不能动弹。

这一变故，让音乐戛然而止，夜宴草草收场。原来孟知祥中风了。

老人贪杯，暑天酗酒，犯了养生两大忌讳，让年逾花甲的孟知祥再也没能从床榻上起来。一个月后，便撒手人寰，享年六十一岁。

对于孟知祥的身后事，《新旧五代史》等史书一般这样记载说：孟知祥死，谥为文武圣德英烈明孝皇帝，庙号高祖，陵名和陵。孟知祥葬在何处？竟然语焉不详。在过去一千年的时间里，无从探知具体地点。《成都县志》的记载也是一笔糊涂账：县北二十里，又什邡县龙居山龙潭右，亦有知祥墓。直到 20 世纪 70 年代，一位老农的"一锄头买卖"，让这一千古谜团终于大白于天下。

惊天发现：村民一锄挖出个皇帝墓

成都北郊白莲池街道辖区内有一座磨盘山，山南有一小土丘，时常能刨出些残砖烂瓦之类的旧物，很久以来都被石岭六组的村民认为是一座古砖窑。一切僵化与固守，在 1970 年那个寒风凛冽的冬闲季节被打破。

那天，出工的铃声响过，当地村民上山改田改土。农闲时节，搞农田基本建设，是那个年代的规定动作，谁也不能跟工分过不去，毕竟工分关涉口粮。山间的北风呼呼地刮着，荒草和枯枝满地滚动。前腿弓，后腿蹬，村民们在古砖窑前忙着抃土平地，突然，一锄下去，出现一空洞，赫然露出当地并不出产的大青石，排列整齐有序……

这些石头是用石灰加糯米古法黏合，紧密异常。种种迹象表明，这是座古墓而非古窑。又因为成都北郊凤凰山一带，多为明代蜀地藩王的私家墓地。一时间，大家纷纷猜测说肯定是一座大型明代墓葬。

石岭六组赶紧派人向上级报告，文博人员赶紧前来查看。就墓葬外观形制而言，的确像明代墓葬，连省博的考古专家也初步同意这种观点。然而，1971年春的那场考古发掘，让所有的人大跌眼镜，却又喜大普奔。

考古人员通过墓道，打开墓门进入墓室，发现了年代久远的盗洞，神通广大的"摸金校尉"又一次抢得了先机，故而文物剩余不多。然而，一通1.08米×1.1米的石碑引起了大家注意，只见碑盖四周绕以串枝葵纹，古朴端庄。这石碑上首写着"大唐福庆长公主墓志铭"十个大字，碑文由崔善撰，令狐峤书，陈德超镌。全碑楷体直书，文笔畅茂，书法娟秀，刻工精细。

这大唐福庆长公主是谁？

墓志记载得清清楚楚："福庆长公主李氏，即后唐太祖武皇帝之长女，光圣神闵孝皇帝庙号庄宗之长姊，母曰贞简皇后。"稍微解释一下：这位李姓福庆长公主，是后唐太祖皇帝李克用之女，后唐庄宗皇帝李存勖如假包换的亲姐姐，李克用与贞简皇后的大女儿。我的妈呀！

人们惊奇地发现，这就是后蜀皇帝孟知祥夫妇合葬墓，在历史烟尘中消失了一千多年的孟知祥墓，又重新现世了。之前的种种猜测，也被击得粉碎。这墓志铭也解构了史学界上千年的误读。

《新五代史·后蜀世家》载："及知祥壮，晋王以其弟克让女妻之。"《资治通鉴》乾化二年（912）三月条："知祥，迁之弟子，李克让之婿也。"《蜀梼杌》与《十国春秋》也均说孟知祥之妻是李克用之弟李克让之女。所谓孟知祥之妻是李克让之女的说法，显系史书之误。我书柜里一本韩国磐著、1979年再版的《隋唐五代史纲》还说：李克用以侄女嫁孟知祥。由此可知，宋人的记述有多么的不靠谱，多么的遗毒后世啊！

至于孟知祥为什么选择在成都北郊的磨盘山南麓打造他的陵墓，有人观察过此地的山形水势，抬眼望，左有回龙山千竿翠竹，右有凤凰山万岭松风，前有白莲池波涛万顷。左右有倚，背山有靠，朝案兼具。再往南为一望无垠的川西坝子，平畴沃野，一派开阔，终年承受阳光灿烂，确为一处不可多得的风水宝地。

墓葬形制：南方罕见的北方草原风

1971年那个乍暖还寒的春天，由四川省博物馆牵头，各有关单位协助的和陵考古发掘拉开了大幕。在扫清地面的植被，打开墓葬后，乍一看，这孟知祥墓很像是一顶大帐篷两边各带了一顶小帐篷，是一座在南方罕见的带有北方草原建筑风格的陵墓。

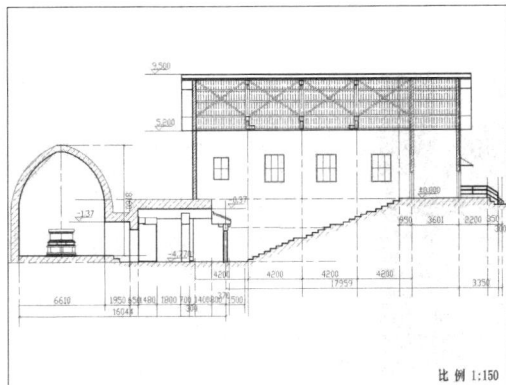

比例 1:150

比例 1:100

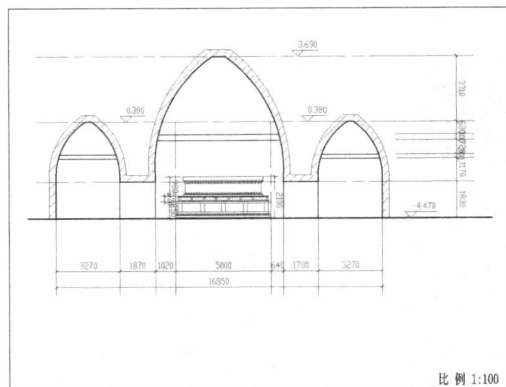

▲ 上／（左）孟知祥墓墓室纵剖面
　　成华区文旅体局提供

▲ 上／（右）20世纪70年代孟知祥墓墓门
　　外景　　郑光福摄

▼ 下／（左）孟知祥墓墓室横剖面
　　成华区文旅体局提供

▼ 下／（右）20世纪70年代孟知祥墓墓门
　　郑光福摄

◀ 左／孟知祥墓墓门西侧武士石刻　郑光福摄
▼ 下／（左）孟知祥墓墓门东侧武士石刻　郑光福摄
▼ 下／（右）孟知祥墓墓门屋脊上的鸱吻　郑光福摄

这墓型殊为奇特，墓道及宝城全用上等青石砌成。考古人员沿着长约十米的墓道青砖阶梯，步步而下。走到尽头，蓦然是牌楼式石构建筑的墓门，上刻浮雕，左青龙右白虎。内侧两壁，画男女宫人彩绘像。墓室为圆锥形穹窿顶，主室有三十多平方米，中空八米多，两边的耳室面积稍小，整个墓室颇像古代的乌纱帽。主室中的须弥座青石棺台，前后有裸体卷发的力士及宫人圆雕，衣饰飘逸，人物形象丰腴健康，唐代余韵十分显著。

过去一千年，史称"和陵"的后蜀皇帝孟知祥的墓葬虽消失在世人目光中，但却没有逃脱"摸金校尉"的魔爪，当考古人员看见双扇石门上一尺多长的牛尾铁锁被砸烂，且西扇石门上有一盗洞时，心中暗暗叫苦。进入墓室以后，在主室穹顶西北隅赫然还发现一个盗洞，看来此墓被盗远不止一次。经过紧急清理，仅出土器物残片及残玉哀册、谥册、玉饰片。在所剩无几的遗物中，发现了孟知祥的玉册残简和福庆长公主的墓志铭，这才确认该墓为后蜀皇帝孟知祥夫妇合葬墓。

尽管墓穴内如今已经空无一物，但从墓室打磨精细的青石，四周石刻力士及龙凤等浮雕，依稀能看到墓主人生前的华贵。

这种用石头砌筑的穹窿顶结构的墓室，在中国南方极为罕见。就四川地区而言，迄今发现及发掘的唐五代时期的墓葬，大多为长方形券拱顶多室或单室墓，王建墓是这类墓葬的代表。而像孟知祥墓这样，颇似北方帐篷式的圆形穹顶结构，可谓南方墓葬的奇葩，这不禁令人想起南北朝那首著名的民歌《敕勒歌》：

敕勒川，阴山下。天似穹庐，笼盖四野。天苍苍，野茫茫，风吹草低见牛羊。

地处南方内地的成都，何以会出现这种颇具北方建筑风格及草原文化色彩的陵墓呢？这要从孟知祥的经历和他曾服务过的那个王朝——后唐说起。

唐末，突厥族后裔沙陀人首领朱邪赤心率骑兵助唐镇压庞勋起义有功，被懿宗赐姓李名国昌，授予大同军节度使。后来，黄巢义军攻入长安，唐王朝急招李国昌之子李克用入援。天佑四年（907），李克用称帝，以复兴唐朝为名，仍用唐"天佑"年号，史称"后唐"。

这沙陀人属欧罗巴人种，深目多须，为北方草原上的游牧民族。孟知祥虽出身汉族官吏家庭，但打小浸淫在沙陀部众中，而且娶了具有突厥血统的李克用长女福庆长公主为妻，自不免受草原文化传统及生活习俗的影响。考古界有一句话，叫作"事死如事生"，因此孟知祥墓的建筑风格毫无疑问与北方的穹窿有关，是穹窿居室文化在墓葬中的反映。

四十春秋：磨盘山下那个寂寞的守墓人

走进白莲池街道石岭村六组境内那一座白墙红门的院落，只见大门外墙上有一块花岗石标志牌，用隶书写着"孟知祥墓"。

据当年参与过孟知祥墓发掘的戴庆云回忆说，从20世纪70年代初，成都市文管处成立后，随即选派了人员对和陵进行看护管理。在第一个守墓人不慎将腿摔断后，一个叫陈文金的便接过了看护古墓葬的任务。

春去秋来，磨盘山下寂寞院落的守墓人陈文金从一个青年已变成了古稀老人。2016 年 3 月，当笔者来到和陵，他告诉我，他今年七十三岁，在这里守墓一守就是四十三年。

过去的四十多年中，每天他都会打开大门，将地上的落叶扫一扫，看一下有什么地方需要维修，后来他索性在和陵对面的小茶铺里天天"坐庄"。如果有人想参观和陵，陈文金一定要对方出示相关部门的手续。

陈文金曾绘声绘色向参观者说起当年发现和陵的情景："原来墓上头全是种的地瓜，娃娃在上面跑来跑去。打雷时就听见地底下响得不得了，老人说这下面有铁柜子，里面肯定是皇帝。1970 年冬天，有人一锄头挖下去，竟挖到了梯坎，发现不止有个皇帝在下头，皇后也在。看热闹的人那才叫多哦，部队派了十个战士守护，晚上还有两个民兵来跟我搭伙守夜。后来有一段时间没人管，村里头就把这里当幼儿园，娃娃们就坐在梯坎那里上课，个别胆大的还要钻到里头去看一下。"

陈文金对盗墓贼深恶痛绝，曾指着穹顶对游人说："这个墓被盗得好狠，顶子都是后来封上去的，估计是把顶打开，用绳子吊下来行窃。听说刚开墓的时候，里头有一具死尸，看样子不是皇帝。可能是两个人一起来盗墓，上面的人把东西用绳子吊上去后，就把绳子割断，下面的那人就只有死了。"

和陵发掘后，五代时期精美的壁画和雕塑引起了世界的关注。据当时是青龙乡文化站专干的戴庆云讲，当时有个来自香港的研究者在墓外的阶檐下住了一周，终于等来了文管所的人，这才得以进去参观。当他看到那栩栩如生的石刻壁画，难掩激动的心情，似乎要把这艺术精品刻进脑海中。据戴庆云回忆，在 20 世纪 80 年代某一年掰苞谷的时候，又有来自日本某电视台的五个人，为拍摄中国上下五千年的纪录片，在和陵待了三天，记录下了这里的珍贵影像。

和陵距今有一千余年历史，在成都本地却鲜为人知。更令人叹息的是，孟知祥和刘备、王建一样，都曾在巴蜀金戈铁马，成就一方霸业……但从 20 世纪 70 年代以来，其陵墓少人问津。一扇木门，一把铁锁，将和陵围在一个院落中。据悉，和陵 2006 年成功申报为国家级重点文物保护单位，它和惠陵、永陵取得了同等地位。

孟蜀和陵，磨盘山上那处向阳山崖，以它的厚重历史和艺术价值，闪耀在灿烂阳光下。

金戈铁马将军碑

功名只向马上取，真是英雄一丈夫。

——（唐）岑参

君不见沙场征战苦？至今犹忆李将军。

——（唐）高适

唐朝的高适与岑参，是写边塞诗的高手。其笔下的将军多慷慨激昂，军功则光辉闪耀。古代记录军事将领功绩，除了文学样式流行外，还往往刻碑勒石传之后世，如唐云麾将军碑、前秦广武将军碑、汉李陵碑等等。在成都北门外，出川陕路左边的一个地名，叫将军碑。此地曾有一所将军碑小学，为今天北新实验小学前身。它为何也叫将军碑？有何传说故事吗？让我们一起走进历史深处……

得名不会晚于清朝中期

嘉庆十五年（1810）的仲夏，从北往南的川北官道上，来了一辆马车，车中坐着一位三十岁出头的中年人。他叫陶澍，字子霖，号髯樵。湖南安化小淹陶家湾人，时年三十一岁。

八年前，二十三岁的他科场得意，金榜题名，以二甲第五十五名的成绩，成为安化的第一个进士。先后任翰林院编修，国史馆纂修。

可谓"寒窗苦读二十载，一朝登上君王台"。

八年后，他将再次踏进科场，只不过这次身份不同，不再是应试举子，而是到四川来任庚午科乡试的考官——副主考。陶澍虽是一个博闻强记之人，但他也深信"好记性不如烂笔头"的道理，因此他从北京向四川行进的路上，坚持写日记，后来汇集出版了一本有名的《蜀日记》。

1810年的八月初二，陶澍抵达成都。在这一天的日记中，他写道：

> 自毗桥西南行五里，至天回镇，入成都境。有北关山，一名学射山。曹能始诗：虽行平地上，复爱稍逶迤。不尔前朝迹，茫然那得知。连日所行，皆平田腴壤，香稻连阡，流水竹篱，回环掩映，洵称乐土。十里，将军碑。五里，欢喜庵。有昭觉寺，孟蜀时宣华苑也。有祠，祀原任大学士一等诚谋英勇公阿桂及内大臣成都将军继勇侯德楞泰，二公皆有功于蜀者。五里，过驷马桥。五里，过迎恩桥。巳刻入四川省城，憩皇华馆，在城西北隅，隶成都府成都县。是夜大风雨，霹雳甚锐。数日阴晴相半，至初五日霁。

从这篇日记中，我们可以得出一个结论，至少在清中期，成都北门外将军碑这个地名已经有了。也就是说，将军碑的名字至少有两百年的历史了。那它究竟因何而得名呢？关于将军碑地名的来历，有多种传说。

一种是明代佚名将军碑。话说明代初年，有一成都将军，能征善战，屡立奇功。一次北征，又是毫无悬念的大胜。率大军回归戍所将近成都时，忽接洪武皇帝重赏，又是高官又是厚禄。毫无思想准备的大将军，一时激动，哈哈大笑，竟然晕厥而亡。朝廷就地将大将军厚葬，并树碑立传。

据说，此碑在"文革"中被毁掉了，不然此说的真伪，也就一目了然了。此说虽有故事梗概，但具体时间和人物姓名等语焉不详，历史面目模糊，无法考证。

据将军碑社区的刁桂珍介绍，20世纪80年代初，将军碑九组牛圈房还有一块古碑，两米多高，碑文不详。当时拜干爹干妈古朴仪式，多在此碑下举行，香烟缭绕，祈求古碑见证这种干亲关系的缔结长久永固。

事关阿桂平定大小金川？

还有一种传说，民间流传很广，说该地名来源和阿桂平定大小金川有关。

乾隆四十一年（1776）甲午春天，乾隆到东陵祭祖，住在桃花寺，金川前线战事胶着，他急切地盼望军书报捷。果然这天收到喜讯，为当天的"喜符佳谶"，他欣然题诗一首：

> 甲午桃花寺踌停，军书正此俯窗棂。
> 幸哉今日仍凭处，绿柳中飞一点星。

　　凯旋之日，乾隆皇帝亲自到郊台迎劳阿桂和凯旋将士，场面隆重而喜庆，"勋臣率拜列灵旗，军士鸣螺赫武仪。乐奏铙歌行抱见，诘戎家法万年垂"。乾隆诗性大发，作凯歌十首，以兹纪念。其中一首云：

　　　　脱却戎衣换吉衣，龙章示奖特恩稀。

　　　　同心戮力还抡最，便解天闲赐六飞。

　　大小金川的平定，的确是关乎当时国家稳定的一件大事，是乾隆

▲ 阿桂将军平定大小金川碑文　摘自《重修成都县志》

皇帝的十大武功之一。七月十四日，乾隆还专门遣内阁学士唐古泰祭黄帝陵。记首功的阿桂，特赐四团龙补服，并入紫光阁画功臣像，乾隆为阿桂画像亲作御制赞：

> 西师参赞，经历多年。
> 兹为巨擘，抡掌兵权。
> 诚而有谋，英弗恃勇。
> 集众出奇，成勋克巩。

阿桂六十寿辰的时候，乾隆专门御赐了匾额和寿联。匾额四个大字"崇勋眷庆"，寿联14字：

> 功冠紫光荣赐衮；
> 筹添绦甲赞调梅。

一场大仗下来，抚恤家属，纪念战殁，是必须的两件事。成都作为川省首府，大小金川战役的第一后方基地，修建战殁者纪念建筑，乃必然之举，昭忠祠、忠义祠就是战后的产物。特别是乾隆、嘉庆时期，清政府以成都为前进基地，发动了数次平叛之役。为了纪念在战争中牺牲的大量将士，成都修建了许多纪念性祠庙，并上升到国家祭祀建筑的高度予以重视和提倡。在平定两金川的战事中，战死的最高级别官员，是定边将军大学士温福。战后，凯旋官兵在成都北门外的官道旁，奉旨捐资公建了温公祠，同时也奉旨为阿桂捐建了生祠。但祠庙的规制都很简朴，仅有一楹一龛，附于祠庙。

在城南武侯祠的空地上，代理四川按察使顾光旭修建了慰忠祠，安放大小金川战役阵亡将士的牌位，上至高级文官武将，下至普通士卒和保障军需的挑夫运夫，每年的春秋两季都会举行国家仪式，悼念这些为国家捐躯的英雄。一块由四川士民自发公立的《太子太保定西将军大学士吏部尚书一等诚谋英勇公阿桂平定两金川碑》中，就"勒石于武侯之祠"。碑文中写道：

> ……方春布和，自成都歌凯北上，蜀之父老士民，观军容之入举，额首相庆曰：自今吾蜀人夜卧安席矣。惟兹小蠢，义在必翦。圣主非喜功，我公非好武。以不得已之师，为边隅计久远。为蜀民图万全，非公智勇深沉，识力宏毅，足以任重道远，安能建此鸿业。措吾蜀于衽席之上狘敧，休哉威慑乎，百蛮泽被乎，千祀宜其上契。宸谟而赏，延于世也。吾侪小人，尸而祝之，社而稷之，举韦南康张益州画像故事，以绘公之仪貌，而勒石于武侯之祠，虽青史纪功，紫阁图像，区区颂祷，何足形容德，而德不可谖固，如此云尔。

> 乾隆四十一年岁次丙申日月四川士民公立

为何此碑矗立在武侯祠呢？这与当时的政治形势大有关系。清初，为归化明朝遗民和边地蛮夷，强化其对国家的忠诚价值观，康、雍、乾三代都给予了忠臣诸葛亮崇高的地位。康熙曾专门下旨"成都祀诸葛亮"，乾隆称孔明为"国家之宝"。意图将忠烈行为与具体时空与族群剥离开来，上升为一种天下笃信的儒家忠义思想。后来慰忠祠由城南移建北门外，《平定两金川碑》也北迁而来。嘉庆十四年（1809），成都将军继勇公德楞泰去世，北门外又奉敕建了继勇公祠，祭祀这位保障川西数十万生灵，蜀民尤为感颂的将军。1856年，四川大宁（今重庆巫溪）人、咸丰年间广西提督向荣在南京江南大营与太平军作战时，病逝于军中，谥号忠武，尸骨葬于将军碑，入祀慰忠祠。此二者皆为阿桂身后事。

大小金川之役

1797年八月阿桂病逝，谥文成。两年后的嘉庆四年（1799）十二月，阿桂的孙子那彦成也当上了省部级官员——成了陕甘总督，他请祖父的老部下、刑部侍郎王昶撰文，自己亲提狼毫书写，并请工匠镌刻了一通《阿文成公行状碑》，安放在成都北门外的文成公祠的祠壁上。碑文简述阿桂祖上三代名讳，又讲阿桂的好学进步以及仕途坎坷，特别详述了统军平定大小金川功绩，碑文称：

> 公名阿桂，字广庭，一字云岩，姓章佳氏。满洲正蓝旗人，以功赐入正白旗，为正白旗人。生康熙五十六年八月三日。幼沉毅凝重，警敏好读书，闻人谭史事，即深明大略。雍正十年入泮，十三年选拔贡生。乾隆元年副榜贡生，以文勤公荫在大理寺寺正学习三年，乡试中式，明年补兵部主事，又明年迁员外郎，八年擢郎中直军机处，调户部银库，寻降吏部员外郎。十三年，小金

川土司郎卡扰邻境，大学士……高宗纯皇帝鼎湖大故入都恭谒。梓宫因得，哭公之墓，公孙那彦成以所撰年谱见示，俾作行状。公功在国史，名在天壤。无籍于私家志乘，然册府所藏，士大夫或罕得见之，故條系事件以示艺林，至年谱悉本。谕旨及公所上章奏不敢有所增饰，昶亦仍其旧焉。

祠庙，是朝廷治理地方的礼教工具，整肃礼治，振兴教化，都有赖于此。这是传统中国礼教社会中，严格的礼教制度和精神框架在物质层面留下的必然痕迹。十多年后，陶澍在离成都十里见到的将军碑和祭祀阿桂等人的祠，便是成都北门外将军碑一带，那个体现国家忠诚价值的建筑群。嘉庆十七年（1812），四川布政使方积重修成都北门外的文成公祠。阿桂的第三孙、陕甘总督那彦成，又买了二十七亩地作其祖祠的祭田。道光三年（1823）二月，道光帝下令阿桂配飨太庙。

当嘉奖忠烈功勋，传播忠义思想升格为一种国家意志和行为的时候，一个地名的叫法，就不仅仅是叫一个名字那么简单了，主流价值引导民间思想，也将从一个地名、一块碑石中浸润到人们的灵魂深处。我想，有阿桂将军以及后来者的祠庙与碑石，在官府的倡导与推行下，将军碑的名字在清中期以后流传开来，也就顺理成章了。

今人殷明辉《溯洄集》的《在蜀怀西京偶作》一诗中，提到成华地界上的"驷马桥""将军墓"，与长安的古迹灞陵南北辉映。作者在诗后自注中说："将军碑，地名，在成都北郊川陕道上。"其诗云：

锦苑见杨柳，倏然忆灞陵。

烟花迷泾渭，风月灿洛京。

驷马桥前路，将军墓首尘。

自非题柱士，漫有请缨情。

古蜀杜宇王时代成都城

古蜀望帝时期，蜀先民的生产方式，逐渐从狩猎向农耕过渡，杜宇带领蜀人从黄土冈陵向冲积大平原迁徙，因为这里交通便利，既有润泽的土地可开垦，又不受潮湿水灾之害，岂不妙哉。杜宇王对此十分满意，便建了一座城池，和他的百姓们一起共享功成，因此，这新营造的城就取名叫"成都"，成功之都嘛。

千百年过去，这蜀王杜宇时代的成都城到底在哪儿呢？扬雄《蜀中记》说："杜宇自天而降，号曰天隳。"隳者，古通"堕"，坠落也。天隳，即从天降落之义。成都县志载："天隳山下有天回镇。"据此说，那么杜宇的出生地当在成都外北一带，他在出生地附近发展壮大，建立功业，是合乎情理的。

南朝萧绎在一首《古意》中写道：

妾在成都县，愿作高唐云。

樽中石榴酒，机上葡萄裙。

停梭还敛色，何时劝使君。

就"成都"一词，诗中注释道：原蜀国古都，为望帝杜宇所营建。秦灭蜀后，置县；县尹居杜宇旧城。据考证，当时的城，在今成都昭觉寺北将军碑附近黄土浅丘上。

据历史学家、川大教授任乃强先生考证，蜀王杜宇时代，蜀国都城由郫邑迁新都，再往南拓展为广都，迨治水功成，便定都在天隳山下。蜀国都城旧址，就在今天昭觉寺北将军碑附近的一块黄土浅丘上。由于当时生产力低下，城池面积不大，仅有一平方公里的地面。由于那里的土壤呈赤褐色，故称"赤里"，一说因开明氏崇尚红色而得名。这也就是《华阳国志》所说的"成都县本治赤里街"，它是成都有史料记载的第一条街。

历史学家们认为，赤里是张仪建成都城之前，古蜀王国的政治中心。他们认为，金沙遗址的考古发现，证明这个当之无愧的政治中心，与赤里街非常接近。哪怕从名字看，赤里与金沙，对仗工整，毫不逊色于"声律启蒙"。有人认为今成都南大街，是杜宇王时代赤里街，然而一个在南，一个在北，谬之远矣。到了开明九世时，冲积土覆盖的平原全都被开辟出来，蜀国更富庶、更强大了。这位开明王把都邑向南移十里，约相当于在今天的驷马桥附近。

乖乖，无论是清代的将军祠庙，还是明代的统帅墓冢，与上古杜宇王的都城比起来，都弱爆了。其尊贵程度，一在天一在地。成都这个地名虽然古今没有变更，它的城址却有多次小幅迁移，以至于将军碑这个杜宇王时代的成都旧址，后来就地僻郊外，成为客家和湖广人杂居的村落。不过，今天随着时代的发展，此地已经成为城市的一部分了。

几多喜泪欢喜庵

在白莲池街道采风，搜集成华历史遗迹的过程中，常常听到一个地名——欢喜庵。据资料记载，欢喜庵原是距成都北郊凤凰山两里左右的一座小庙。由于城市面貌发生了巨大改变，而遗迹无存，它现在究竟在哪里呢？据说，它应该在今天的"上东一号"附近。这是一个具有太多传说和历史的地方。

一说：纪念明代孝行故事

话说五百年前，朱元璋南征北战，最终荡平诸雄，驱逐残元，建立了大明王朝。明初，洪武大帝还未产生为儿孙拔除"荆棘"的想法，尚有报恩之心。一位牙将叫刘喜，曾在战场上舍身救主，很得朱元璋的赏识。这次，便被晋升为将军，赏赐豪宅美眷。

得此消息，本该欢喜，而这刘喜竟然在金銮殿上大哭起来。朱元璋好生惊奇，故意嗔怒道："刘喜，你从普通牙将升为将军，不喜反哭，是嫌朕寡恩吗？"

这一问，慌得刘喜磕头如捣蒜，忙回禀道："皇上，刘喜得此厚赏，感恩不尽。适才失态，是突然想起蜀中的父母和妻子，一别三十年，有愧家人。请皇上恕罪。"

马上得天下，岂能马上治天下。多年征战，朱元璋杀人父母妻儿无数，刘喜一番话自然给他一个德孝治天下的由头。他笑道："好你个刘喜，虽是武夫，却不忘忠孝仁义，朕很欣慰。来啊，赏刘喜黄金百两，锦缎十匹，快马一骑，准假期三月，着即回乡与家人团聚。"

再说刘喜奉旨单骑回乡，一路风尘赶往成都。三十春秋，物是人非。近乡情更怯，不敢问来人。过天回山，遥望红苕坡，天色渐晚，何处是我家？

正在茫然之时，从路边树林中出来一妇人，老态龙钟，佝偻着身子，背上一捆柴火，跌跌撞撞不胜重力，仆在地上。见此情形，刘喜连忙上前扶起老人，说："老人家，你这么大年纪，还这么辛苦。来，我送你回家。"

暮色苍茫，老人打量了一眼刘喜，说："军爷，这是马柳林。离我家红苕坡还有三四里。"

"红苕坡？"刘喜一惊，继续问道，"那您知道红苕坡的刘瓦匠吗？"

那老人懒懒地说："那是亡夫。军爷，是不是我那从军的儿子有消息啦？"

刘喜眼前一亮，仔细端详，三十年前母亲的轮廓依然清晰，他"咚"的一声跪倒在地："娘，我是不孝儿刘喜啊！"

刘喜边说边取下皇上的赏赐："如今儿被封为将军，现在回来孝敬您啦。"见到这么多的金银绸缎，想起这么多年受的苦难，支撑老人信念的那根弦，终于绷不住了。她大笑不止，继而咳嗽不停，一口气接续不上，倒头气绝而亡。

处理完母亲后事不久的一天，寂静的红苕坡旌旗招展，刘家茅屋前突然拥来大大小小众多官员。原来，圣旨到，皇帝任命刘喜为三品四川镇守使，掌管全川军政大权。其母封三品诰命老夫人，其妻封诰命将军夫人。

刘喜刚刚经历了人生的大悲，此刻又迎来人生的大喜。一会儿波谷一会儿波峰，人生的小船说翻就翻。刘喜就这样死于脑出血。

在凤凰山麓埋葬了婆婆和丈夫，刘喜之妻在墓地旁建起一座小小家祠，并像修行的尼姑一样终守祠内，为婆婆和刘喜吃斋念经。死前她把刘喜带回的金银珠宝转交族长，嘱其用以请人世世代代看顾刘喜母子家祠。

朱元璋得到回报，知道刘喜一家悲欢离合、生死离别的事后，心里十分难过。他想到刘喜随他征战一生，曾冒着生命救他脱险，不由感慨万分，于是追封刘喜为雄武大将军，着令成都县在祠内塑造刘喜母子神像，同时御笔亲书祠名为"欢喜庵"，以表示对刘喜母子的褒奖。

这事是真是假呢？

清末翰林大学士赵熙在《蜀人志》中有一段撰文：

城北凤凰山畔，有小庙曰欢喜庵，宅不足亩，殿不过三，内奉明洪武帝雄武将军刘喜偕其母三品诰命徐氏老夫人金身二座，有年老庙祝一人主持。盖因孝行感于乡人，其香火盛明足充大刹昭觉。

读书人不打诳语，看来这故事不是民间传说。

▲ 欢喜庵　孔祥辉画

一说：供奉清代一日总督

到了清朝，欢喜庵的故事又传成了另外一个故事。

说是湖南人周湘泉，从小一心想当一名"学霸"。虽然三十五岁中了举，但往上就是人生透明的天花板，穷尽一切手段，再也无法突破。而且，他流落京城，还遇到了吃饭的难题。

一次意外的经历，让他抛却读书人的清高，混迹于市井之间，干起了看相算命的营生。以他的博学通识，经过一番揣摩，什么天干地支、四柱五行、太极八卦、易经星象等术语了然于胸。不久，周湘泉竟然成了一方"神算子"。顾主络绎不绝，摊前座无虚席。这名声居然传进了大内，被乾隆皇帝给知道了。

这一日，"神算周"接待了一位客人。来者先声夺人："你自称神算，那我来问你，何谓看相？"周湘泉见来人气度不凡，不敢造次，答道："看相者，阅人相貌气色，知过去未来，使人趋利避害，转祸为福。"

"既然如此，你给我看看。"

周湘泉抬头打量，只见此人头戴锦缎暖帽，顶镶一颗大红宝石，身着貂皮夹衫，外罩花缎坎肩，腰系翡翠玉带，左手中指戴一玉扳指。一看这身行头，周湘泉知道这位爷非同一般，心想，谁不会装呀！

他说："从命相上看，你乃当今大富贵。"

来人追问道："你看我倒底有多大的官？"

如此掘地三尺的问法，让周湘泉大为吃惊，情知不妙。他虽入行不久，但也练就了惊哄吓诈等算命绝招。他想忽悠一句，便溜之大吉："贵人驾临，小可失礼，万望见谅。适才所问之事，非小可不敢置喙，此地闲杂，多有不便。"

来人不容他耍滑头："但说无妨。"

周湘泉咬咬牙，只得使出撒手锏。他双手齐眉，一脸肃穆："您星显紫微，贵在九五。"这一句话，惊得来人下巴都快掉了，面色一沉，好久又才换作一副笑颜说："从言谈举止看，你乃一介书生，为何自甘下沉。"

"命中没有莫强求。"周湘泉无奈地摇摇头。

"你自己算准了？"

周湘泉点点头，想起这些年的辛酸，他眼泪花再也不听使唤，默默地顺着腮帮子流了下来。

次日，看相的那人又来了，他说："我是在京中放官账的，前番四川总督借了我纹银五千。我修书一封，你到成都代我收取，就作为你的相金。"

经过两个多月的跋涉，周湘泉来到成都。哪知得到的消息是，前任四川总督已经离任。人都找不到，到哪儿去收取五千两的相金？唉，又是竹篮打水一场空。

他气急败坏地撕开信封，顿时傻眼了。里面不是什么书信和借据，而是一封盖有御印的谕旨。上面说，任命周湘泉为四川总督，正二品，赏顶戴花翎，赐黄马褂……他这才知道，看相人是当今圣上。

拿着这一纸任命，周湘泉完成了落第举子到四川总督的逆袭，草鸡变凤凰了。

当天，四川九府十三州官员纷纷前来孝敬。有大摆宴席胡吃海塞的，有叫戏班子陪唱的，还有瞅准总督大人独自赴任，送来美眷暖被窝的。

第二天，日上三竿，新任总督仍不见起床，仆人推门进去，周湘泉早已没了气息。四川方面据实上奏朝廷，乾隆看过四川的奏折之后，感叹一阵，降旨工部拨银五十两，厚葬周湘泉，并在成都北郊修一专祠供奉。随即发下朝议，命取祠名。一些烂肚皮的文士，修表上奏，命名为"欢喜庵"。

　　乾隆皇帝见后，连声称妙："周湘泉平步青云，此欢喜一；狂笑后而亡，此欢喜二。"从此，成都留下了一座欢喜庵。庙里供奉着一日总督——周湘泉。

▲ 欢喜庵　摘自《重修昭觉寺志》

历史：将军美食古驿站

欢喜庵，是明清时期川陕驿道出成都府的第二个驿站，编制三人，负责驿马饲养、物资供应等。

一位叫王藻章的人，从新都桂湖回来，他说：

> 昨日我游宝光寺，今朝桂湖返游骑。
> 香风披拂溢襟袖，三河大道骈来往。
> 横云一片撩平原，霏烟不断凝空翠。
> 昭觉山门自昔开，纤道初从欢喜庵。

那个时候的欢喜庵，已经是昭觉寺的下院了。

由于交通便利，流动人口常在此打尖歇脚，便成了一处聚落。这里有一种著名的成都小吃，叫欢喜团。以炒米做团，用线穿之，或大或小，各色点染。城内的人往往愿意多加三十文钱，坐轿子来吃上一口。这美食今天好像已经失传了，仅能从清人《锦城竹枝词》有所了解：

> 欢喜庵前欢喜团，春郊买食百忧宽。
> 村醪戏比金生丽，偏有多人醉脚盆。

欢喜庵在将军村境内，始建年代无法考证，据说同治四年（1865）有所培修，今已不存。查阅资料显示，原来的欢喜庵还有两副精彩绝伦的楹联，现摘录于下：

> 万里版开图，云栈星垂，往来下拜功臣像；
> 百蛮碑在口，渝歌宾舞，欢喜长存故老恩。

> 冠履肃丹楹，似丞相祠堂，柏郁森森承雨露；
> 声威通紫塞，忆将军幕府，旌扬熠熠壮风云。

从这两副楹联来看，再对照前面两则故事，似乎得到香火祭祀的应该是一位武将。另一位清代温江人葛芸，从征西海有功，荣归故里时经过欢喜庵，写下一首《过欢喜庵》的诗，也印证了这一推断。诗中说道：

> 快赋惭非宋玉才，长亭一望一徘徊。
> 南山积翠临城近，北涧遥光泻浪回。
> 荆棘不当车马道，榆烟将变旧炉灰。
> 停车日晚荐蘋藻，岩畔古碑空绿苔。

欢喜庵，从创建开始，就与定国安邦的武将有关。1944 年 5 月 21 日，李家钰将军在抗日战场以身殉国。6 月 17 日，一路辗转，在成都外北欢喜庵，李氏全体家属在这里迎回了将军的灵柩。午后 1 时，扶迎灵柩入昭觉寺，暂为安厝。各界前往迎送者数千人，时任参谋总长的何应钦赴蓉，代表蒋介石主持中央军校成立二十周年纪念大会，亲赴李宅，再次唁慰李氏家族。

励志长虹驷马桥

白莲池畔青松岭，
驷马桥边威凤山。

川陕路穿过白莲池，往城区延伸，来到沙河边，河上有一座连接两岸的卧波长虹，这就是震铄古今的驷马桥。今天，作为和白莲池一样古老的地名，驷马桥已经铭刻在了成都历史文化的光辉史册之中，成了中华文明不可多得的一个亮点。让我们一起追随先贤的足迹，重回汉朝。

初入长安，慨然立誓

从成都来到长安，让司马相如有了"北漂"的第一次经历。年轻的他离开成都经过城北的升仙桥时，遥想长安天街的繁华，憧憬着自己即将叩见君王，建立不世功业的未来，不禁心潮澎湃，豪气顿生，陡然在桥门写下誓言——记载于《华阳国志·蜀志》中的："不乘高车驷马，不过汝下。"相如的这种立志成才的言论，其实古已有之，汉朝高祖皇帝刘邦在微末之时，曾远远地看见始皇帝威严的车驾，就感叹地说过这样一句话："嗟呼，大丈夫当如是也！"

拿破仑说："不想当元帅的士兵，不是好士兵。"那么，司马相如的"高车驷马"的理想，究竟达到了什么样的境界呢？是不是就相当于今天拥有了一辆宝马、奔驰呢？

《后汉书·舆服志》中详细记载了汉代车马的等级制度。汉代延续了周代的乘舆制度，简单地说，就是一句话：

> 天子驾六马，诸侯驾四，大夫三，士二，庶人（小官员）一。

车马作为战备物资，在汉朝初年十分稀缺，"自天子不能具钧驷，而将相或乘牛车"（《史记·平准书》）。天子的马车竟都是几匹花里胡哨的驽马拉着，而将相有的也只能坐牛车将就将就了。随着"文景之治"的休养生息，汉朝的国力逐渐强盛，车马就成了汉代人身份、地位和权力的象征，有着"车马出行，富贵康宁"的说法。所以只有官员才能乘坐马车，商人即使富可敌国，也不得乘马车。因为高祖曾下令"贾人不得衣丝乘车"，只能像野老村夫一般坐坐牛车驴车。

从上面的分析，我们可以看出，初来京城的布衣司马相如，其雄心似乎是直指"诸侯驾四"的地位。其志可嘉，其路何难啊！年轻人的热血与青春，就是两个字——尚任，就应该有所追求，敢于担当，担当起民族与国家的大任。

理想是美好的，但现实却是残酷的。这次，司马相如的满腹经纶没有得到施展，因为他遇到的是"不好辞赋"的汉景帝，仅仅得到了一个武骑常侍的官职，类似于皇帝出行、狩猎时的随从护卫。

这完全不是司马相如的爱好和长项啊。但找谁说去呀？只好托病辞官，和几位文友客游于梁，但也没有看出有多大前途。梁孝王死后，他也就灰溜溜地回到了成都老家。誓言落空了。当然，这期间他写下的一篇《子虚赋》，为他第二次"北漂"，实现诺言，埋下了伏笔。

司马相如回到成都，应好友之邀来到临邛，并在此上演了"凤求凰"的美妙爱情故事。对于卓文君的私奔，其父卓王孙大怒，说："女至不才，我不忍杀，不分一钱也。"最后在"相如涤器，文君当垆"的羞辱下，家财巨万的卓王孙老脸终于挂不住了，只好分些家财，让相如、文君在成都过上了安适的生活。此段佳话广为后人传颂，在此并不细表。

驷马高车，衣锦还乡

已经绝了朝堂听封念想的司马相如，正快意享受和文君一起过的富人生活，不想朝廷的第二次召唤来到了，再次搅乱了他的心绪，点燃了这位有志青年建功立业的勃勃雄心。

这到底是怎么回事呢？

事情的缘由是这样的：汉武帝读罢《子虚赋》，连声叫好，却又十分遗憾，说："我与此人咋不生在同一个时代啊！"伺候在旁担任狗监的杨得意，是蜀郡人，他适时地回禀了事情的真相，武帝大惊。于是，才有了武帝召见司马相如的这一幕。

人们常说，遇上一位赏识自己的领导，是至关重要的。对于这句话，司马相如感触尤深。上次"北漂"，遇上的是"不好辞赋"的汉景帝，而这次，遇到的是气势恢宏、年轻有为的刘彻，而司马

▲ 邮票图案为凤凰山出土东汉画像砖　中国人民邮政 1958 年发行

相如辞赋铺张扬厉的风格端端对上了刘彻好大喜功的脾气。

就这样，司马相如作为皇家文学秘书之类的郎官，平凡地过了数年。直到有一天，一个叫唐蒙的倒霉蛋将在蜀郡的事情办砸了，司马相如的情势才终于来了转机。

要说这唐蒙，也算是个人物，会揣测圣上意图。他知道汉武帝志向高远，勇于开疆拓土。而此时，秦帝国留下的疆域中，只有一个地方没有归化于大汉中央政府，那就是岭南的南越国。因此他就想出了一个类似右勾拳的绝好的创意，意图从巴蜀经夜郎包抄南越。

好的创意，必须要有好的执行力，而这一方案最大的关键是修筑进军道路。大家知道，在西南大山中修筑道路，即使是今天也是困难重重，何况是在没有现代工程机械的两千多年前呢？为了赶工期，唐蒙操之甚急，强拉硬派，横征暴敛，滥刑乱杀，引起巴蜀民众惊恐，险些激起民变，酿成边患，硬是将端端的一盘好棋下成了危局。武帝大怒，便命熟悉西南各地民情的司马相如回到成都问责唐蒙，安抚蜀中百姓。司马相如妙笔生花，拟就一篇《谕巴蜀檄》，一方面说明唐蒙的不法并非朝廷之意，另一方面又要求巴蜀官民理解和支持"通西南夷"的行动。司马相如积蓄已久的政治才智借着这篇政论性的文章喷薄而出，檄文一出，人心迅速安定。武帝大喜，认为相如不仅是文章高手，更是治世能臣，对巴蜀事务也熟悉，当即拜相如为中郎将，为正使，持节处理西南诸事。司马相如终于如愿以偿地达到了他事业的一个高峰。

司马相如接连两次赴蜀，情形大不一样了。上次官职卑微，各地迎送无非公事公办。而此次出使，扮演的是大汉帝国特命全权代表，怀揣着汉朝常设武职中的最高官衔——中郎将的印信。角色不一样，威仪自然不相同。使团仪仗前呼后拥，旌旗猎猎，声威赫赫，一路逶迤南来。

司马相如现在所封的中郎将，品秩为"比二千石"，这是平时期一般武将能晋升到的最高职衔。当然，战时还可凭战功晋升将军，如车骑将军卫青、骠骑将军霍去病。但中郎将仍旧是九卿之类的光禄勋的属官，按乘舆制度也只能是"大夫三"。

是不是司马相如永远也无法实现"高车驷马"的诺言呢？就私家用车而言，应该是这样，否则就是僭越。当然，如果是出席相当级别的公务活动，那又另当别论了。为了与此次国务活动相匹配，朝廷拨给了四辆"驿车"供使团使用，这自然是汉代的公派高级轿车——"高车驷马"了。

相如衣锦还乡的消息传来，蜀地官员特意把升仙桥加宽为五丈五孔的大桥。太守以下官员，郊迎于升仙桥。成都县令等官员身背弓矢，手拿小锣，于车前为其鸣锣开道。道路两旁，俊男靓女，无不露出艳羡的目光。相如的泰山卓王孙，也邀约起临邛的一帮富翁争相向相如敬献美酒。相如端坐驷马高轩，推说皇命在身，不便相见。卓王孙求助于随行官员，相如这才勉为其难，吩咐全数收下。卓王孙自觉脸上荣光，不禁叹息道："真没想到，真没想到，司马长卿果然有今天啊！"而后，还将家财重重地分给文君，份额与儿子相同。

至此，司马相如完成了当年"高车驷马"人生价值的自我实现，他的远大志向和奋斗经历也让当时和后世的四川人引以为傲。司马相如风光通过的那座小桥，汉代叫升仙桥，与一个得道升天的故事有关。至于叫"驷马桥"，那还是南宋以后的事情了。

题词何处，聚讼纷纭

关于司马相如是在什么地点的什么位置"题词立誓"，历史上聚讼纷纭，莫衷一是。主要有"长安市门说""升仙桥柱说""升仙桥廊楣说"三种。

最早记录此事的是东晋常璩的《华阳国志·蜀志》："郡城北十里有升仙桥，有送客观，司马相如初入长安，题市门曰：'不乘高车驷马，不过汝下'也。"北魏郦道元的《水经注·江水一》也有类似的记载："城北十里曰升仙桥，有送客观，司马相如初入长安，题其门曰：不乘高车驷马，不过汝下也。后入邛蜀，果如志焉。"

站在科学的立场，对上述文献资料的文字进行分析解读，我支持"长安市门说"。从文学创作的角度说，我更喜欢"升仙桥柱说""升仙桥廊楣说"，因为题词明誓与衣锦还乡场景切合，既更为合乎情理，也更有利于情节的戏剧化的演进。但这二者也各有不掩之瑕。"桥柱说"与正史记载之"不过汝下"，总有绕不开的矛盾；"廊楣说"倒是规避了这一缺陷，却又有悖于生活常理，爬上两米左右的廊楣题词立誓，你让大辞赋家的形象如何伤得起呢？

查阅大量资料，我发现似乎是自唐以降，很多人就开始赞同"桥柱说"了，因为唐人题诗于壁，题诗于柱，是司空见惯的事情，符合人情事理。李白登黄鹤楼，"眼前有景道不得，崔颢题诗在上头"的故事不是千古流传吗？

岑参他就按照这样的思路写了一首《升仙桥》：

> 长桥题柱去，犹是未达时。
> 及乘驷马车，却从桥上归。
> 名共东流水，滔滔无尽期。

另一个叫汪遵的唐人也写过两首同题诗，也持同样的观点。

> 汉朝卿相尽风云，司马题桥众又闻。
> 何事不如杨得意，解搜贤哲荐明君。

▲ 上／20世纪30年代驷马桥
　　[日]岛崎役治摄
▶ 右／司马题桥墨锭
▼ 下／瓷器　摘自《清风徐来：明末
　　清初景德镇瓷画艺术特展》画册

题桥贵欲露先诚，此日人皆笑率情。

应讶临邛沽酒客，逢时还作汉公卿。

唐朝李翰编著的以介绍掌故和各科知识为主要内容的儿童识字课本——《蒙求》，就直截了当地将"相如题柱"作为一个励志的典故，传授给学童们。

相如题柱，终军弃繻。孙晨槁席，原宪桑枢。

端木辞金，钟离委珠。季札挂剑，徐稚致刍。

记录这一历史事件的最佳文学作品就是王勃的《滕王阁序》："杨意不逢，抚凌云以自惜；钟期既遇，奏流水以何惭？"假如碰不上杨得意那样引荐的人，就只有抚拍着自己的文章而叹惜。既然已经遇到了钟子期，就弹奏一曲《高山流水》又有什么好羞愧的呢？

元代戏剧名家关汉卿将历史传说改编为一出杂剧《升仙桥相如题柱》，在乡间上演，使司马相如成为一名在民间很有影响力的人物。除此以外，明清流传的如孙柚的《琴心记》、叶宪祖的《琴心雅调》等数十种戏剧作品对相如题桥之举和人生际遇多有渲染，抒发作者自己的人生感慨和磊落不平之气。今川剧、粤剧等各地剧种中均保存有"司马题桥"的折子，而在这些作品中，将题桥的时间确定在了司马相如第二次进京之时。

直到南宋孝宗淳熙十六年（1189）十二月至光宗绍熙元年（1190）四月，身为四川安抚制置使、知成都府的京镗，为了纪念司马相如的

胸怀大志和一代风流，对业已破旧的升仙桥进行了重修，并正式改名
为"驷马桥"，并撰写《驷马桥记》。竣工之时，同僚们赋词祝贺，
京镗遂填《水调歌头》一词以作答谢：

> 百堞龟城北，江势远连空。杠梁济涉，浑似溪涧饮长虹。覆
> 以翚飞华宇，载以鱼浮叠石，守护有神龙。好看发源水，滚滚尽
> 流东。　　司马氏，凌云气，盖群公。当年题柱，从此奏赋动天容。
> 果驾辁车使蜀，能致诸蛮臣汉，邛筰道仍通。寄语登桥者，努力
> 继前功。

清代乾隆朝举人张邦伸在他的《驷马桥》长诗中，将司马相如有
志者事竟成的故事极尽铺陈，而"司马题桥"也成了士人心目中一部
散发着馨香的励志传奇。

> 我生不如安期生，东赴沧海骑长鲸。
> □又不如班定远，投戈万里清边城。
> 终朝兀坐守章句，九天无路难请缨。
> 骅骝不蒙伯乐顾，蹀躞空向盐车鸣。
> 淮阴小儿欺壮士，剑锋出火谁能平。
> 长卿涤器临邛肆，目空四海作游戏。
> 计取卓家百万钱，好壮平生冲举志。
> 胸吞云梦气凌云，兴酣落笔信有神。
> 升仙桥畔题桥柱，慷慨自许何嶙峋。

一朝声名动帝阙，天子非常赐颜色。

谕蜀重定西南夷，邛笮舟駬劳建节。

太平郊迎羽檄驰，县令负弩为前驱。

桥头开宴献牛酒，王孙相见真欢娱。

一时傭保声藉藉，认是当年沽酒客。

腰间不著犊鼻裈，扬鞭果驾金根轭。

丈夫有志事竟成，坐看谈笑取公卿。

君不见买臣老作会稽守，归去锦衣还画行。

风水宝地磨盘山

全中国人都知道，死后能安葬于八宝山，是对一个人这一生极高的礼遇，可谓备极哀荣。为中华人民共和国的建立立下过赫赫战功的元勋大多安眠于此。2016 年清明前夕，笔者来到位于白莲池街道的石岭社区，这里有一处被称为成都的"八宝山"的公墓。这里安葬着哪些烈士与名流呢？在石岭社区书记袁永康的带领下，笔者走进那座名叫"磨盘山"的松柏叠翠山峦之中。

贺炳炎：开国上将独臂将军

在磨盘山中轴线的顶端，在四棵塔柏簇拥的大型墓园，正中一汉白玉墓碑，上书"贺炳炎上将之墓"，右款为"中国人民解放军成都军区司令员"，左款为"公元一九六〇年七月立"。

1955 年，贺炳炎与萧克、李达、李克农、王震、许世友等五十五人，被授予中国人民解放军上将军衔。更让人称许的是，贺炳炎是一位独臂将军，靠着一只手臂，取得如此功勋。

这事还得追溯到长征时期。1935 年 12 月，贺龙率所部沿雪峰山山脚直奔云南瓦屋塘，再从瓦屋塘翻越雪峰山进贵州，贺炳炎担任先头部队红五师的师长。当尖刀团红十五团进入瓦屋塘东山时，与敌接火。从密集的枪炮声和猛烈的火力判断，对方是敌军的嫡系部队。贺炳炎指挥红十五团迎战。由于是仓促的遭遇战，贺炳炎的指挥位置十分靠前，弹雨纷飞，突然，一颗威力巨大的达姆弹击中了他的右臂。

这达姆弹俗称"开花弹"，诞生于1897年，因由加尔各答附近一个叫达姆的兵工厂生产而得名。子弹射入人体后铅心扩张或破裂，因而扩大了创伤面，对人造成的伤害严重。贺炳炎中弹后，骨头被炸得粉碎，整条手臂像下垂的丝瓜吊在膀子上，不省人事。后来，贺龙飞马赶到东山。军团卫生部长贺彪向贺龙报告，如果不截肢，贺炳炎会因肌肉坏死而危及生命。

贺炳炎的截肢手术在一座破庙里进行，医护人员把贺炳炎捆在门板上，紧急找来木匠的行头——锯子，并用开水消毒。以前，人们对刮骨疗伤暗暗称许，这场景却更惊心动魄。贺彪和一医生两厢站立，像拉锯改锯一般"吱吱嘎嘎"地锯起来，在场的人无不心惊胆战。贺炳炎闭目咬牙，汗暴如雨，血如同屋檐滴水，染红了手术台下的土地。

手术六天后，贺炳炎迫不及待地滑下担架，开始用左手练射击练大刀，练一个军人战争中必备的本领。正常情况下，失去右臂，就失去了做军人的资格。在后来的抗日战场上，贺炳炎却单手挥刀冲锋陷阵，杀得日军心胆俱裂，其部队也被称为"一把手"部队，一时间"独臂刀王"贺炳炎名震天下！冈村宁次曾天价悬赏捉拿"独臂刀王"，拍着桌子叫嚣："活要见人，死要见尸！"

各国军队条令规定，军人见到上级必须右手行军礼，而贺炳炎不用行礼，却是毛泽东亲自批准的。这事发生在1945年"七大"期间，毛泽东接见贺炳炎，期间贺炳炎抬头挺胸，双脚一并，举起左手，庄严地敬了一个军礼。毛泽东连忙握住贺炳炎的左手说："你是独臂将军，从今往后免掉你这份礼！"

1960年7月1日，贺炳炎因病医治无效，不幸逝世，享年四十七岁，是开国上将中第一个去世的人。苍天垂泪，大地哀鸣，二十万成都军民冒雨为他送行，将其安葬在磨盘山最高处。

在一首《满江红·纪念独臂上将贺炳炎》中，记述了将军一生的功绩，词中写道：

> 独臂将军，打铁匠，英雄年少。擒敌虏，菜刀神勇，小龙绰号。锯臂撼天一把手，长征血染红旗俏。雁门关，日寇赴黄泉，传捷报。　跟党走，救国道。除黑暗，求温饱。踏大江南北，劲敌横扫。戎马一生图解放，丹心一片谋私少。为人民，纵使断肝肠，依然笑。

毛泽润：伟人族弟遇难成都

走进磨盘山，在中轴步道的左侧，透过两棵树木，可以见到一块墓碑，上书"毛泽润烈士之墓"。

毛泽润1908年出生于湖南湘潭，又名毛岳嵩，他是韶山毛氏家族的一员，是毛泽东的族弟，两家过往甚密，毛泽润的大哥毛岳乔与毛泽东关系密切。1937年冬，毛岳乔给远在延安的毛泽东写信，想让自己的弟弟毛泽润到延安参加革命。毛泽东很快就回复，欢迎他们去。

1938年8月，毛泽润到了延安，学习了一年之后，毛泽润化名"岳松"，被派到陕西宝鸡从事革命活动，先是在宝鸡的工业合作协会任职，1940年夏天被调到西北区办事处宝鸡事务所供销处，从事商品广告、商标绘画工作。1940年冬，他被国民党特务逮捕，关进了西安太阳庙门监狱。这一关，就是九年。在狱中，毛泽润饱受敌人摧残，又遭疾病折磨，却以顽强的毅力经受了各种考验。

1949年5月，西安临近解放。毛泽润被作为重要"案犯"押送汉中。11月28日转解四川，12月22日毛泽润在成都西门外就义。

在很长一段时间，没人知道毛泽润牺牲在哪里。直到1959年，一个叫邓伯如的说出真相，是他亲手杀害了毛泽润。邓伯如原是军统成员，1949年12月22日成都解放前夕，他奉命将毛泽润等五人用汽车押往金牛坝，白天挖好一个大坑，到晚上将五人推入坑内，乱枪一阵扫射，再填埋恢复地形地貌，以为神不知鬼不觉。

而这事也的确在历史的甬道中，被湮没了十多年。直到1962年，一封来自陕西的来信，再次将寻找毛泽润遗骸事宜提上议事日程。来信者为陕西省司法厅副厅长陈雨皋。得知情况的成都市民政局立即着手处理，并最终形成了一份"关于查证毛泽润烈士及迁葬烈士陵园"的公文。

公文中提到，1959年时因农田规划，这些遗骨就被挖出来散落遍地，无人收殓。当时的妇女队长贾素真便把自己家的两个土缸捐出，将遗骨装好，装不完的她又用一块旧布包好，一起埋在当时省委招待所右侧的墙边。

为了确认，这次市民政局组织村民将遗骨所在的原址挖开，果然发现了空的"金坛"，其后他们在省委招待所右侧的墙边，挖出了两个土罐和一个布包，还找到了两块银圆，证实这便是毛泽润等烈士的遗骨。

毛泽润的遗骨被发现后，被迁往成都磨盘山公墓，位于公墓西区2段7排8号。

李劼人：文学名家，中国"左拉"

走进磨盘山的烈士名流区，在第一排中我们看到了李劼人先生之墓。李劼人1919年赴法国留学。二十三岁任《四川群报》主笔、《川报》总编。中华人民共和国成立后任成都市副市长，四川省文联副主席。有人说，李先生是"生居锦江，死葬成华"。

1939年春，日军飞机轰炸成都，李劼人从城内疏散到东郊沙河堡乡间，在一处形似菱角堰塘边搭建了一简易住所，他题名为"菱窠"。黄篾泥墙，青竹疏篱，草舍窠巢，颇有几分逸趣。1959年，李劼人用稿费将故居翻建成一正一厢带阁楼的样子，庭院中有溪水、曲径及屋主生前手植果树花木多株。

在菱窠，李劼人创作了包括《死水微澜》《暴风雨前》和《大波》在内的大量在文坛极具影响力的作品。由于李劼人曾留学法国，深受法国作家左拉等人的影响，他所塑造的如蔡大嫂、刘三金等川味"辣妹"，都颇具法国小说中女性形象的特征。因此，郭沫若最先提出李劼人是"中国的左拉"，而《大波》是"小说的近代《华阳国志》"的说法，意即李劼人的小说是"小说的近代史"。20世纪50年代初，香港著名学者曹聚仁认为在现代中国小说家之中，"李劼人的成就还在茅盾、巴金之上"。而著名文学史家司马长风则把李劼人作为中国20世纪30年代中长篇小说的七大家之一。

至于李劼人之死，有评论家认为与杜甫有几分相似。

1962年12月12日，四川寒气浓重。穿着单薄的李劼人，在省文联开会受了"过堂风"，便有些着凉不适。下午一回到菱窠，便高喊："给我下碗面，红重！"意思是多放点辣椒，同时为了驱寒气，他还空腹喝了一大杯白酒。当天晚上，李劼人发起高烧，第二日便住进医院。十二天以后，因医治无效，溘然长逝。

据省医院内科主治医生吴孝感回忆，李劼人因腹痛、急性休克入院。起病原因是李劼人好杯中乐，素喜小酌两盅。而当时正值生活困难时期，物资困乏。其家人千方百计满足他这点小小喜好，便从外地买了些卤牛肉。哪知此物不洁，李劼人吃后便腹中雷鸣不止，哗哗作响，上吐下泻，以致休克。按照西医临床诊断，实际上是"急性坏死性小肠炎"，由细菌性食物中毒引起。

由于病情严重，全市名医一起进行会诊，虽经过一周竭尽全力的抢救，但也回天乏力，最后因肾功能衰竭，不幸病故。

12月30日，成都市为李劼人举行公祭仪式。李宗林担任主祭，林如稷介绍死者生平。林如稷声音洪亮地宣读生平，语调庄严肃穆。然而一结束，这位花甲老人却再也管不住自己泪腺的闸门，径直潸然泪下，并不顾别人的劝阻，边跺脚边哭着说"我要去，我要去（墓地）"，他执意要到磨盘山，送别李劼人最后一程。

巍巍磨盘山，坐落在成都北郊，从山脚至山顶，绵延着一级级的阶梯。将骨灰下葬后，人们向死者鞠躬告别。当下山的时候，李劼人夫人杨叔捃远望广阔的平野，远山逶迤，河渠蜿蜒，喃喃道："这儿地势真好！"

张秀熟：百岁期颐，文化名人

在李劼人墓的左侧不远，有一个夫妻合葬墓。墓碑上写着：先父张秀熟、先母罗文淑之墓。

张秀熟生于1895年，四川平武人。1928年曾代理四川省委书记，为我国著名教育家，中华人民共和国成立后曾任四川省教育厅厅长、副省长。1994年病逝。

张秀熟革命一生，最为人所传诵的是"舌战王灵官"这一节。

1928年5月，省委书记刘愿庵赴莫斯科参加中国共产党的六大，张秀熟随即出任代理书记。几个月后，张秀熟便遇到了一个巨大挑战。因叛徒出卖，他在重庆七星岗吴师爷巷被捕。被捕后，刘湘部下人称"王灵官"的王陵基连夜提审。没承想，张秀熟的慷慨陈词，却让主管王陵基屡屡吃瘪，甚至恼羞成怒，大爆川味粗口："王八蛋！你敢硬！老子偏要把你们的脑壳割掉。你们不依教，给老子到鬼门关等我算账！"惹得世人呵呵一笑。

这天公审后，重庆《新蜀报》很快就在该报第一版登出专题报道，题目是《张秀熟舌战王灵官》。成都《国民公报》也以《重庆共案观审录》为题，发了快讯。一时间，"张秀熟舌战王灵官"的新闻，不胫而走，传遍了巴山蜀水。

张秀熟长期战斗在教育行业，是一个德高望重的长者，被亲切地称为"张秀老"。他以渊博的学识、高尚的情操，为中国培养了一大批英才。杨尚昆是他在成都高师附中任教时的学生，罗瑞卿、任白戈是他在南充中学任教时的学生。1993 年 9 月 26 日，原国家主席杨尚昆专程来到成都，庆贺恩师的百岁寿辰，他亲切地对张秀熟说："老师，我看您来了，一庆贺您百岁大寿，二祝您中秋愉快。您不仅是我学生时代最敬佩的国文老师，也是我革命的引路人。"

一首《咏杨尚昆回川探望他的老师张秀熟》记录了这段师生情谊：

> 百岁恩师皓首生，相逢叙旧感情真。
> 难忘木铎明途径，犹记黉门训诂音。
> 岁月蹉跎头各白，年华荏苒志俱存。
> 巴山翠柏成梁栋，赖有师尊教诲诚。

1994 年 3 月 25 日，张秀熟因病去世，享年百岁期颐。马识途先生撰写的挽联这样写道：

> 忠诚无二心，首举红旗，临危不惧；浩气动乾坤，为千秋楷范。
> 廉洁兼三德，伸张正义，维法如山；丹忱昭日月，树百代箴规。

著名学者钟树梁在一首《哀悼张秀熟老同志》的挽诗中，表达了对张老一生功绩的赞美：

> 张公百岁须眉苍，先生之风山水长。

历经三世爱华夏，同著千秋眷草堂。

铸史摘文各彪炳，滋兰艺蕙皆芬芳。

哀悼勿忘善继志，澡身浴德思汪洋。

2001 年 12 月，其子女师龙、益龙等将父母合葬于磨盘山，安卧在烈士名流区的青松翠柏之间。

邓锡侯：抗日英雄，起义将领

在磨盘山中轴步道的右侧，有一座全水泥封砌的墓地，墓前有一通 2004 年立的墓碑。碑上刻着"邓锡侯之墓"五个大字。

邓锡侯，号晋康，陆军上将。1889 年 6 月 22 日出生于四川省营山县回龙乡。1964 年 3 月 30 日，邓锡侯在成都因病逝世，享年七十五岁。

纵观邓锡侯一生，经历了川军混战、出川抗日、率部起义几个阶段，对人民、对国家功过参半。本文单说后两个时期的一些片段。

1937 年 8 月，川军出川抗日，邓锡侯任副总司令兼第一纵队司令，后任第二十二集团军总司令兼第四十五军军长。

12 月中旬，邓锡侯奉命率第二十二集团军从山西洪洞驰赴鲁南，以第四十一军防守津浦铁路沿线各要点，并令第一二二师王铭章部集结滕县一带，筑城固守，以第四十五军一二五师从界河前进，阻敌于泗水以北。在滕县战斗中，邓锡侯的部下王铭章壮烈殉国，川军以巨大牺牲掩护了国军主力部队迅速集结到位，为台儿庄的最终胜利做出了巨大贡献。

1938年1月14日，邓率川军初到鲁南前线，在两下店夜袭敌营成功，首战告捷，军威大振。鲁南群众特作七律一首以赞颂邓部将士：

> 天上遥瞻节钺临，安危须仗老谋深。
> 晋文攘楚先三舍，忠武服蛮倚七擒。
> 中府一朝诛贰竖，阳光普照靖群阴。
> 川军将帅皆韩岳，岂有神州竟陆沉。

川军的到来，受到了山东民众的热情爱戴，和"逃跑将军"韩复榘一比，"川军将帅皆韩岳"。

被山东民众喻为爱国将领韩世忠、岳飞，这使得川军将士非常感动，他们感慨地说："为民族而战争，能得民众如此爱戴，可以死而无恨了！"也正是在这种精神的鼓舞下，才有一二二师师长王铭章及其所部三千官兵喋血滕县，与城偕亡的可歌可泣的英雄事迹。

20世纪40年代后期，邓锡侯等川军将领受到排挤，更加怀念往昔朱德、刘伯承、吴玉章、张澜等对自己的关照与厚望，经过暗中接洽，刘文辉、邓锡侯、潘文华三人更加经常地秘密聚会，商讨对策，并联络民主力量和地方势力做好起义准备，迎接解放。

1949年12月9日，刘、邓、潘三人联名发出起义通电，宣布脱离国民党政权，接受中央人民政府领导。这时，刘文辉、潘文华卧病在床，邓锡侯主动担负起义的组织指挥工作。在邓锡侯、刘文辉、潘文华、陈兰亭率部起义的配合下，四川省会成都市终于实现了和平解放。30 日，邓等起义将领和成都市人民群众一起，热烈欢迎人民解放军西北军区司令员贺龙、副司令员王维舟率部胜利入城。

新中国成立后，邓锡侯先被任命为西南军政委员会委员兼水利部部长，后任西南军政委员会副主席。1952 年后，西南军政委员会和川西、川东、川南、川北四个行署区裁撤，恢复四川省的建制，邓锡侯被任命为四川省人民政府副省长，直至病逝。

回龙山与回龙寺

成都平原一马平川绵延数百里，到成都北郊一带，倏地地势暴涨，山形凸起，好几座山脉横亘，成为护佑成都城的天然屏障。其中一座山，因山形酷似磨盘而得名磨盘山。磨盘山的东南侧一山叫回龙山，山上曾有回龙寺。据清代《昭觉寺志》记载，回龙寺周边形胜，北有磨盘山，南有七星山，西有石子岭。寺前有石桥，名回龙桥，跨石堤堰河。

得名：《长恨歌》"天旋地转回龙驭"

关于回龙山的得名，有两种传说。一种是地形地貌说。成都外北山脉绵延不断，从磨盘山一直逶迤到西河场一带，整个山形酷似一条黄龙。人们发现，整条龙龙尾在东，龙头在北。龙头就在磨盘山不远处，且呈昂首回头状，于是便把此处唤作了回龙山。

另一说法是这样。话说唐玄宗为避"安史之乱"，临幸蜀地，来到成都外北一带，突然都城传来捷报，就此回銮。当地也就叫"天回镇"。白居易在《长恨歌》中写道："蜀江水碧蜀山青，圣主朝朝暮暮情。行宫见月伤心色，夜雨闻铃肠断声。天旋地转回龙驭，到此踌躇不能去。"就在天回镇附近地区，也因"天旋地转回龙驭"相似的故事，留下了回龙山、回龙桥、回龙寺这样的名字。

▲ 白莲池周边图　摘自《重修成都县志》

回龙寺建于何朝何代？说法不一，一说建造年代不可考，一说清嘉庆五年（1800）建。1958 年因年久失修而拆除。

清乾隆《四川通志》云："蜀端王墓，在华阳县东十五里毓灵山。"而回龙山"在毓灵山对岸，蜀端王寝园之案刹"。先说说这蜀端王，是明代第一代蜀王朱椿的第十一代子孙，叫朱宣圻。别看此王行事荒谬不羁，喜欢贪占百姓便宜，但真印证了那句"好人不长命，祸害遗千年"的说法，在藩王里他算是一朵奇葩，从嘉靖四十年（1561）袭封，到万历四十年（1612）去世，当藩王整整五十一个年头，比半个世纪都还多出一年。直熬得他儿子朱奉铨只当了三年的蜀王，就驾鹤西去了。

那何为"案刹"？其实也很简单，就是墓穴前案山上的宝刹。

古人为逝者选择墓穴，很有讲究。山形地势应该"有靠有倚，有朝有案"。即后有靠山，左右有倚靠，如同古代的大圈椅一般。前穴近有案山，远有朝山。所谓案山，又称"迎砂"，是指穴山与朝山之间的山，即距穴山最近而小的朝山延伸略高出明堂的这一部分坡地。

从这段记载和分析看，也就是说在1612年前后，作为"蜀端王寝园之案刹"，回龙寺就已经存在了。因此，同治版《重修成都县志》所云的"清嘉庆五年建"，值得商榷。至于其建造年代可以上溯到什么年代，由于史料阙如，不敢妄言。

庙市：一寺跨两县，旧时农器市场

南宋，陆游应好友、四川制置使范成大的邀请，来到成都，在成都周边山水留下了众多游历的足迹。外北的学射山、白莲池等地都有他歌咏的诗篇，他一首《怀旧》诗中写下他在寺庙观摩壁画的感受，而这座寺庙就是回龙寺。回龙寺的壁画，古意盎然，人物衣袂飘飘，形象生动，大有曹霸和吴道子的笔意风格。他在诗中云：

回龙寺壁看维摩，最得曹吴笔意多。

风雨尘埃昏欲尽，何人更著手摩挲？

云贵川交界处曾有"鸡鸣三省"奇观，这是形容三省交界区的毗邻性行政地理独特现象。同样，本文讲的回龙寺，与此相似，也有一寺跨两县的情形。据《成都县志》记载：回龙寺，正殿和东厢属于成都县界，右厢属于新都县界。

据当地老农回忆，回龙寺建于回龙山顶，有建筑二十多间，山门和前、中、后三殿一应俱全，一色的琉璃瓦覆盖庙顶，庙内有东岳菩萨等六十余尊塑像。两棵硕大的柏树耸立于天井之中，述说着曾经香火旺盛的往昔辉煌。据回龙社区居民讲，现在寺庙已经片瓦无存，但两棵柏树仍矗立在后来修建的喷水池前。

历朝历代，寺庙是城市乡村公众化程度最高的社会空间，它除了为日常的信仰仪式提供场所以外，还承担着社会各界的娱乐空间与商业场所的作用，也就是人们常说的"庙会"或"庙市"。如成都城垣以内，大慈寺的蚕市，东门城隍庙、北门火神庙的粮市，顺城街安乐寺的银钱市……至于城外的寺庙，则多是周围农民交易农具和农产品的乡村集市。回龙寺就是这样一个典型的农村庙市。

每年的农历二月十九，是观音降生日。四邻八乡的农人便肩挑背扛，拥向成都县北东六甲二十里的回龙寺，为观音菩萨烧完香以后，就开始售卖自家的农产品和编织的农具。当年回龙山盛产的瓜果豆类，在周边很有口碑。人们买胡豆豌豆地瓜，都指名道姓地要买回龙山产的。

今日：掩映熊猫基地清幽竹篁中

回龙寺，在 20 世纪 50 年代开始破败，最终消失。有意思的是，成华区与新都区各有一个回龙村，现在叫回龙社区，文字丝毫不差，一模一样。原因就出在两个社区同处在回龙山的交界两边。

据原青龙乡文化专干戴庆云介绍，20 世纪 90 年代，他和回龙村的几位村干部，在回龙山附一组发现了一块界碑，上面刻有"回龙"等字样。他们正准备安排拉回村部，此时新都回龙村的人马赶到，认为此碑是他们的，于是便争了回去。此碑现存在新都回龙社区文化站。这个争碑事件，凸显了当地村民浓烈的文化意识。

到了 1985 年，大熊猫繁育研究基地落户北郊，回龙山也就成了基地的一部分。现在的回龙山，也叫"斧头山"。山上竹篁幽幽，花木繁盛，成了大熊猫舒适安逸的城市家园，世事变迁让人感慨，真所谓：

> 他日巉岩属比丘，香烟缭绕卖篦笓。
> 眼前万竿绿如海，新篁簇簇拥貔貅。

今人一首《念奴娇》，从回龙山上眺望山下，一派生机勃勃，由此回想到千年前玄宗来到蜀中的情形，词中写道：

> 回龙山上，揽春光入画，登临望目。四野八荒收眼底，草色

平添新绿。棠蕊含娇、红梅吐艳，旧苑歌新曲。纸鸢飞处，稚童相与追逐。　　应笑玄帝当年，玉环去后，已是惊弓鹿。日暮西风悲末路，豆腐权充饥腹。玉垒天回、锦江渭水，茅店成归宿。当今谁忆，昔年兵乱逃蜀。

今天，成华区白莲池街道的回龙社区，就是因为地处回龙山下而得名。此地呈坡地地形，土质为黏性黄壤，是成都市确立的北郊风景林地，杨树、麻竹等植物生长茂盛，特别适合大熊猫的生长繁殖，即将建成的熊猫小镇将带动整个"198"区域及周边产业发展。

川陕古道从此始

　　　蚕丛及鱼凫，开国何茫然！尔来四万八千岁，不与秦塞通人烟。

　　李白《蜀道难》中说，在蚕丛鱼凫的古蜀国时期，秦蜀两地不仅是老死不相往来，而且是根本无法往来。

　　但是到了秦汉以后，四川与中原的交流逐渐频繁起来，穿梭于河谷地带的古道渐次繁华，人流如织。《史记·货殖列传》就说："栈道千里，无所不通。"

　　川陕古道，也叫"秦蜀古道"。秦蜀古道最早的开通时间已不可考，从史料来看，秦灭蜀的公元前3世纪已然存在。

　　蜀道难，难于上青天。自古以来，川陕古道的险要之处，是翻越秦岭和大巴山。秦岭和大巴山之间，有一个地方叫作"汉中"，它是川陕古道的中继站或者是枢纽点。

　　由汉中向北散发，有五条南北向的古道，从西到东依次是祁山道、陈仓道、褒斜道、傥骆道、子午道。由汉中向南散发，有金牛道、米仓道、荔枝道三条古道，后二者分别通向巴中和涪陵，只有金牛道的目的地是成都。

　　因此，三条川陕古道中，以金牛道最为重要。因为成都历代都是四川政治、经济、文化中心。成都、剑阁、昭化、略阳、汉中基本在同一条直线上，通行便利，所以，金牛道是被视为重中之重的入川交通干线。

那为什么将此条川陕古道叫作"金牛道"呢？

相传战国时期，秦国欲征服蜀国，但关山万里，道路险阻。秦王命人造了五头石牛送给蜀王，谎称石牛能日粪千金。贪财的蜀王命五丁力士开路，喜迎石牛。道路修通了，蜀王迎来的不是能日粪千金的石牛，而是秦国的万千铁骑，于是蜀国灭亡了……后来人们把这条路称为"金牛道"或"石牛道"。

金牛古道，是两千多年以来巴蜀地区通往中原的一条重要道路。金牛道的路线在不同历史时期差异是很大的，可分为秦汉金牛道、唐宋金牛道、明清金牛道。它大致的线路是南起成都，向北过广汉、德阳、梓潼，越大小剑山，经广元而出川，穿秦岭，出斜谷，直通八百里秦川。

说到金牛古道的成都起点，它究竟是在哪里呢？

有专家认为不可考，但西南民族大学文学院教授、硕士生导师祈和辉却认为，金牛道在成都的起点，可以从北门的驷马桥算起。

有记载表明，明清两代，成都至陕西沔县（今勉县）全程一千一百八十五里，设驿道十九站。成都府境内路段长一百三十八里，依次是成都北门驷马桥出发，经欢喜庵、将军碑、天回镇、小毗桥、毗河桥、新都县城、独桥河、弥牟镇、蓝家店、姚景桥、石梯桥、汉州城、沉犀桥、白鱼桥、小汉镇、大汉镇，出成都府境。

驷马桥的地位，类似于古代长安的灞桥。唐时，长安城凡送别亲朋好友东去，一般都要送到灞桥后才分手，并折下桥头柳枝相赠。久而久之，灞桥折柳赠别便成了特有的习俗。李白叹道："年年柳色，灞陵伤别。"岑参写道："初程莫早发，且宿灞桥头。"刘禹锡唱道："征徒出灞涘，回首伤如何。"李贺咏道："灞水楼船渡，营门细柳开。"李商隐吟道："灞水桥边倚华表，平时二月有东巡。"

成都古时送别，也是到驷马桥为止，此后旅人就踏上北去的金牛古道。汉代司马相如北上长安，就是在这里题桥明誓，告别友人。《蜀梼杌》说，前蜀后主王衍北巡，后妃们就是在升仙桥设宴，为他饯行。宋朝王赏在《送成都席帅序》中也说："送别于升仙桥上。"友人远行，必定要在驷马桥的离亭为他摆酒喝上一台的。那个地方，就是古人所说的北道宴饯之所。

> 河梁送别欲魂消，翘首伊犁万里遥。
> 正是秋风杨叶下，一行班马响萧萧。

这是清雍正进士彭湘淑在驷马桥《送开制军之伊犁》的一首诗。

一位叫胡时的人写的《驷马桥》诗，也证明了驷马桥就是古代迎来送往的地方。

> 年年车马过此桥，桥在人非昏复朝。
> 相如今日不复起，何人志气凌云霄。
> 几度送迎接芳躅，携壶契杯争相逐。
> 折梅逢使不计春，长啸一声山水绿。

驷马桥迎接贵客，这在几十年前还是成都约定俗成的礼仪。1937年9月，川军由北路出川抗日，时人赋诗送别，畅想胜利的那一天，驷马桥边争迎英雄凯旋的壮丽场面，诗中写道：

> 他年驷马桥边路，士女争看破敌回。
> 耀日旌旗飘剑穗，临风鼙鼓响春雷。
> 轻尘雨浥朝迎辔，杂树开花夜点杯。
> 风度翩翩娴武略，巽名终古署云台。

1949年12月30日，是中国人民解放军举行解放成都入城式的日子。这一天，刘文辉、邓锡侯、潘文华三位起义川军将领，率领四川省会的国民党军政官员、社会名流和各界代表齐集北门外驷马桥，恭候贺龙和周士第两位司令员，以及浩浩荡荡开进蓉城的解放大军。

汉唐时期，驷马桥头有送客观或者叫"离亭"。明清时期，这里设立了出成都北门的第一个驿站。继续往前，在今天的白莲池街道辖区内，还有第二和第三个驿站：欢喜庵、将军碑。

民国时期，国民政府为了打通四川与外界的交通，开始大规模地修建川陕公路，并于1937年2月正式全线通车，而后几十年又在古蜀道的基础上改扩建，21世纪后又另修了北去的高速公路。老川陕路翻过石子岭向北，进入天回镇地界。这一段位于白莲池辖区内的川陕路，就是老金牛驿道。

白莲池段东风渠

成都平原河渠密布，沟壑纵横，土地肥沃，灌溉便利，物产丰饶。一千七百多年前的《华阳国志》提供了这样的说法："水旱从人，不知饥馑，时无荒年，天下谓之天府也。"然而，事实真是这样么？

成都修人工渠的历史背景

由于都江堰水利工程的缘故，和其他地方相比，成都的"水旱"情况，是要听话一些。但绝不表明，成都就从此平安无事。

据史料记载，明弘治二年（1489）后的五百多年间，成都共发生大大小小水灾九十余次。如民国三年（1914），"八月二十日至二十五日，成都各街长流为河，深者至膝至腰，四门内外均成泽国，数十年所罕见"。

从唐总章二年（669）后的一千三百年间，出现旱情六十余次。如前蜀乾德四年（922），"成都自五月不雨，九月林木皆枯，赤地千里"。民国三十一年（1942），"东山地区成都、华阳等县廿乡因去秋以来，雨水短少，全山堰塘，未获储蓄水量，今春亦少大雨渗灌，塘多龟坼，以致全境山田十之八九未能栽插，早栽者遭旱，迟栽违时"。特别是成都东南一带的丘陵地区，由于海拔高于成都平原，且地下水不丰富，稍遇干旱，便会田土龟裂，粮食歉收，当地百姓都急切盼望能有一天"引水上山"，灌溉丘陵地区农田。

当地民谣这样唱道：

> 月儿弯弯照东山，回想当年泪不干。
> 农民生活实在苦，脸朝黄土背朝天。
> 更惨年年闹干旱，屁股大气血斑斑。
> 头晕眼花腿又软，五脏六腑都裂翻。
> 劳力花了千百万，昼夜只灌几亩田。

1949 年后，一场顺应民意的水利工程被提上了议事日程。1953年初，春寒料峭，省水利厅的专家们就扛着测量设备，在成都东山一带开始了勘测规划工作。1956 年，四川省政府正式立项东山灌溉工程，并于当年 3 月 1 日全线动工，用一年的时间完成了总干渠上段及北干渠。对此，东山一带的百姓民谣唱道：

> 东山河儿弯又弯，英雄队伍来山间。
> 苦干实干加巧干，好比愚公来移山。
> 克服困难千千万，战胜山水万万千。

1957 年，在东山灌溉工程开水典礼上，时任四川副省长的邓锡侯讲话说："东山灌溉工程今天开水了。这是我省水利工程的一个新成绩，一市五县农业丰收的一个大喜讯……东山的本期工程，共花了四个多月时间，初步统计，参加施工的有干部一千三百八十人，民工三万五千人，技工一千余人，共作工日二百七十万个。"在修建东风渠总干渠期间，白莲池当地百姓出人出力，洒下了辛勤的汗水。而今五十多年过去，第一代修渠人也已经是八九十岁的耄耋老人。

到1973年，通过近二十年的努力，东风渠一至六期工程顺利完成。通过干渠、支渠、斗渠、农渠、毛渠，有效灌溉面积达二十万公顷，包括成都东山地区及资阳、眉山、乐山等地区多个县市在内的农田，

▲ 东风渠南北闸　2016年　常德摄

很大程度上解除了干旱威胁。

1987年，在东风渠建渠三十年之际，四川省委领导和水利界前辈写下诗文，如四川省人大常委会原主任何郝炬赋诗道：

> 长渠飞渡上东山，莫道水升高处难。
> 喜看荒野成膏壤，春风潜力润无边。

东风渠在白莲池的风物

有人会问，既然当初叫东山灌溉工程，现在咋又叫东风渠呢？

据东风渠管理处办公室主任张伟介绍，1966年，东山灌溉区更名为东风渠，是取"东风压倒西风"之意。

东风渠的渠首在郫县的石堤堰，一路绕流到成都北郊，进入成华区白莲池街道。据东风渠管理处工会主席袁荣久说，东风渠在白莲池境内，长约5公里，一路蜿蜒，与黄河一样呈几字形，只不过字体更为扁平而已。在这几公里的总干渠中，还有许多支渠的源头，比如长约13.59公里的方家河支渠，就由此向东南方向款款而去。

到东风渠南北分水闸，也就是人们常说的"南北闸"，两道水闸像钳子一样，控制着水流的流量。东风渠几字形的那一捺，在此一分为二发了杈。流向东南龙泉驿的仍是总干渠，而流向东北新都和青白江的，则是北干渠。

分隔两干渠的是一道窄窄的堤坝，上有一处名叫"两河水郡"的农家乐。面向水流去的方向，在狭长的地界上，有一处鹅卵石砌成的图案。在南北闸工作人员的指点下，才发现是一对左凸右凹的阴阳鱼。

在阴阳鱼的一角，灌木掩映中，有一只大石龟，龟背上有诸多排列组合不同的白点，据说这是星象图。龟身后的石壁上，刻有"龟负洛书"四个蓝色大字。

何谓洛书？

元人吴澄说："洛书者，禹治水时，洛出神龟，背之坼文……以其坼文如字画，画谓之书。"

相传伏羲时代，黄河中有匹龙马背驮"河图"而出，洛水里有只神龟负"洛书"而至。如上说，"洛书"出自大禹治水之时，禹因法疏导，遂成大业。顾颉刚赞成这种观点，他说："禹的治水所以能成功，是靠着这种龟的帮助，从洛书里得到了治水宝典洪范九畴。"

因此，龟负洛书就成为历代治水人期盼的水旱从人的"祥瑞"。

当下熊猫安居地

自古以来，成都就和大熊猫结下了不解之缘，从化石发现来看，早在四千多年前就有野生大熊猫分布。而 1870 年，法国戴维神甫发现大熊猫，在西方世界引起巨大轰动。从那以后，一批又一批的西方探险家纷纷来到成都，中转前往大熊猫产区，试图揭开大熊猫之迷。

一百多年过去，大熊猫深受世界瞩目的热度并没有褪去。成都这座世界上离大熊猫核心栖息地最近、海拔落差最大，也是全球唯一一个既有圈养大熊猫又有野生大熊猫生活的城市，是名副其实的"熊猫之乡"，自然成为世界游客的首选。不用跋山涉水，深入高山峡谷，来到这里就能一睹大熊猫的风采。来大熊猫基地参观的人数逐年递增，每天这里都是人头攒动，络绎不绝。

在这里，人们远望斧头山，山峦起伏，林木繁茂，以造园手法模拟了大熊猫曾经的故土，自然山野风光和优美人工景观融为一体，营建起了适宜大熊猫及多种珍稀野生动物生息繁衍的生态环境。这里常年圈养着八十余只大熊猫以及小熊猫、黑颈鹤、白鹤等珍稀动物。在馆舍和户外，你可以看到大熊猫进进出出、自由嬉戏的温馨场面。

位于成华区白莲池街道的成都大熊猫繁育研究基地，满眼青翠，满耳鸟语。这里繁育着地球上生存了八百万年的动物活化石——大熊猫。这里是世界上唯一建在大都市中的动物保护单位，被称为大都市中的国宝生态家园。尽管身处大都市，却因纤尘不染，保护得力，被联合国授予"全球环境500佳"称号。那它的建立背后，有什么有趣的故事呢？

20世纪70年代中期，一场"舌尖上的困难"席卷了整个大熊猫世界。

在青川唐家河、北川小寨子等大熊猫栖息地，大片大片的箭竹开花枯死。这箭竹，属于禾本科竹类常绿植物，主要生长在海拔2500—4000米的高山地带。因古代常用其枝作箭杆，故名箭竹。

这箭竹的传宗接代有两种，一是根部发笋，二是开花结子。而箭竹开花，却是一种"凤凰涅槃"式的繁殖方式，开花周期大约是六十年至八十年左右。箭竹每次从开花、结子到成长为新的竹林，需要十年到三十年时间。也就是说，箭竹的涅槃重生，有一个漫长的过程，这期间也就是大熊猫难熬的大饥饿时期。

大熊猫是世界上最挑食的动物之一，它的口味独特，箭竹是它为数不多的主粮之一。因而，从1974年起，因大面积的箭竹开花枯死，导致了大熊猫世界面临着大饥荒的威胁。

据当年国家林业部的调查报告显示，在川北的大熊猫栖息地，只见大片的竹林枯黄发黑，失去了青春活力。最为触目惊心的是，不断有大熊猫尸体被发现——有的白骨露于野，有的肢体不全，有的被豺狼撕碎，有的母子相抱长眠。还有一只大熊猫奶娃儿，离母亲仅一步之遥，但它再也没法吮吸到母亲的乳汁了，母亲的生命冻结于回眸一望的瞬间，而小奶娃儿最后啼饥号寒之声也被风雪声吞没了。

竹叶低垂，北风寒号，山峦缟素。一百多只大熊猫陈尸山野！

调查队的专家连续解剖了十几只大熊猫，个个肠胃空空，透着光亮，这不是人们常说的"饿得前胸贴后背"是什么？足见其饥饿到何等程度。

与此同时，各地保护区不断有奄奄一息的大熊猫被送到成都动物园，只只皮包骨头，个个眼睛无神，虚弱得连吞咽的动作都做不出来。那时，成都动物园刚从百花潭搬迁到昭觉寺，百废待兴。没办法，大黑熊、大猩猩尽管也是"大字辈"，但此大非彼大，哪能与国宝大熊猫相比，只得让出馆舍，甚至挤到了昭觉寺大殿，说一声阿弥陀佛，罪过罪过，惊扰了高僧大德的清修。

1983 年夏季，邛崃山和岷山山系的糙花箭竹与缺苞箭竹又大面积开花枯萎，五百多只大熊猫面临吃二遍苦受二茬罪的遭遇。此处不留爷，自有留爷处。野外不能生存，换一地儿就不能吃饭？于是，一个大熊猫迁地保护的思路在动物保护人员中悄悄流传。

斧头山，原来也叫回龙山，是成都北郊一片浅丘，海拔约四五百米，满山石谷子地夹杂着贫瘠的农田，这里也有一处属于市农林局的苗圃。

1985 年的一天，斧头山苗圃。几位年轻人拼接起简陋的桌椅，摆上碗筷，在阵阵松风中，边喝酒边冲壳子。席间，就聊起两年前的大熊猫闹饥荒事情，迁地保护的话题再次被提及。

所谓迁地保护，其实在世界上早有先例。古代，中国长江中下游，生活着一种脸像马、角像鹿、颈像骆驼、尾像驴的珍稀动物——麋鹿，人称"四不像"。后来由于自然气候变化和人为因素，在汉朝末年麋鹿几近灭绝。到 19 世纪时，北京南海子皇家猎苑尚有一群。八国联军打进北京城，不管死活，凡是宝贝都抢到西方，麋鹿从此在中国消失。1898 年，麋鹿在英国繁殖到 255 头，在中国消失近百年后，1983 年麋鹿再次重新回到它的故土。之后有更多的麋鹿回归家乡，并有部分被放生野外，这场无心插柳，竟成了迁地保护举世闻名的成功范例。

环顾成都平原周边，斧头山微微隆起，竹树茂密，植被覆盖。在这里，树叶絮语，藤花摇叶，有着与都市完全不同自然景观，这里距最近的大熊猫产地崇庆县仅二十余公里，周围工厂少、污染轻，气候、温度、湿度都比较适宜，高山主食竹及平坝竹较丰富，这无疑是大熊猫迁地保护的最佳选址。就这样，在酒席间的提议，得到了大家一致的赞同。不久这份提议被呈报了上级主管单位。

1986 年春节，成都市文化宫。彩灯摇曳，人流攒动。逛灯会的市民在这里猜谜的猜谜、赏灯的赏灯，一派传统佳节的喜庆气氛。建设部郑淑玲、四川省林业厅胡铁卿、成都市园林局张安居等人闹中取静，相会八角亭，商量基地建立问题。

基地的定位，不仅仅是解决大熊猫温饱的圈养场所，更应该是探索大熊猫奥秘的科研机构，向广大群众普及科学知识的大课堂。其次，它虽建在成都市园林局斧头山苗圃，但一定要面向全中国，面向全世界。

对基地建立的目的和任务，就是通过人工繁育扩大大熊猫迁移地的种群数量，经野化训练和适应性过渡阶段后，最终将其放归大自然，以扩大和复生种群，维持和提高该物种的遗传多样性，从而达到延续该物种，让其与人类共存之目的。最后，一个日后名扬四海的名字敲定，那就是——成都大熊猫繁育研究基地。

成都市兴建大熊猫繁育基地的动议，得到了中央及省市各级领导、有关部门和海外许多有识之士的大力支持。在建设部、林业部和中国动物园协会的直接指导下，规划占地约三十六公顷的基地项目，开始付诸实施。

2016 年，笔者到白莲社区采访的时候，谈到基地的话题。该社区书记廖成发显得十分兴奋，他说，他当年年仅二十五岁，是公社的拖拉机手，亲眼见证了基地的开工仪式，而且第一车砂石就是他亲自拉来铺上的。

廖成发回忆说，成都大熊猫繁育研究基地的开工奠基仪式，是在那年的 3 月 25 日举行的。时任成都市市长的胡懋洲，已是满头白发。

他揭开奠基石上的"红盖头"，只见一块石碑上写着"中华人民共和国成都市大熊猫繁育研究基地奠基石"22 个字，文字分为上下三行排列，楷书红字，并配有大写英文。胡懋洲挥起铲子掊下第一铲土。鞭炮响起，礼花飞溅。大熊猫繁育研究基地正式破土动工啦！

一期工程八十亩地，以园林局白莲池苗圃为基础；二期工程五百六亩土地，有一大半是从农民手中征得的。为了缓解失地农民与建筑单位的尖锐矛盾，基地成功地让当地农民参与基地建设，绿化工程，使他们顺利完成了从农民到园林工人的转化，在新的工作岗位大显身手。一年之后，一期工程基本完成。

回想基地创建初期，职工们一边盖房，一边种树，费尽苦心。什么琴丝竹、观音竹等大熊猫的最爱，首先绿满山头。叶大如掌的阔叶林，如绿色的波浪，也漫过山脊。只有静物是呆板的，有了动物才是活泛的。基地同时还响起了绿尾虹雉、黑颈鹤、白鹳等鸟儿翅膀扑扇的声音，于是茂密的林间，流水与蛙声共响，松风与鸟叫齐鸣。

为了早日为大熊猫安一个舒适的家，职工们咬紧牙关坚持着，天天在工地奔忙，一年穿烂了几十双草鞋。有人还一不小心滚下沟，摔伤了腰，落下多年不愈的伤痛。但是，再苦也不能苦熊猫。豪华的"14号兽舍"建成了。办公室的破墙还露着缝，简陋得令人咋舌。

一天，分管此项工作的副市长黄寅逵来到斧头山，跟职工们一起吃饭。他端着饭碗，幽默地说："吃着碗头，要望着锅里。现在做一期工程，要想着二期的规划、三期的蓝图。这不是成都的基地，这是全中国、全世界的熊猫基地。"此后，经十余年的建设，投资近四千万元，完成了占地约三十六公顷的一二期工程，建成了大熊猫成体、亚成体、幼体兽舍、运动场、兽医院、科研实验楼等建筑。

大熊猫基地不仅受到普通游客的青睐，也是各国政要的最爱，他们来到成都，到基地看望大熊猫几乎成为"规定动作"。据介绍，许多外国政要看到大熊猫后的第一反应都是"WOW"的惊叫，他们在参观中基本上都会问"熊猫会不会咬人"、"熊猫一天是怎样过的"、"它们除了吃竹子还会吃什么"等问题。除此之外，政要们还会和工作人员交流保护濒危动物等技术问题。请看：

2004年4月，捷克总统克劳斯到访四川，造访了成都大熊猫繁育研究基地，并把一只大熊猫抱在怀里合影留念，不停地说："太可爱了，太可爱了。"

2006 年 10 月，新加坡总理李显龙在川访问，参观了武侯祠、锦里、三星堆等历史遗址和旅游胜地，并称希望下次有机会到四川"期待着抱一抱大熊猫"。

2008 年，斯洛文尼亚总统达尼洛·图尔克先入住成都香格里拉大酒店，问了许多关于熊猫的问题和成都旅游的问题，并于入住的第二天就前往熊猫基地近距离观察熊猫。

2009 年 10 月，德国前总理施罗德第二次来成都，首站便直奔熊猫基地，他说："这是我第二次来四川，但却是第一次看大熊猫。"在大熊猫产房看到大熊猫幼仔时，施罗德兴奋地问："熊猫寿命有多长？""一天要吃多少竹子？"他专心致志地听着讲解员介绍大熊猫的历史、繁殖情况、饮食和生活习性，并不时发问。当一岁的大熊猫迎迎被抱到施罗德身边时，施罗德"抢"过饲养员手中的苹果，细致地喂给迎迎吃。"我要把和它的合影送给我的儿子和女儿，我想这是最好的礼物！"

2014 年 3 月，美国前总统奥巴马的夫人米歇尔和她的母亲以及两个女儿一起走进成都大熊猫繁育研究基地，与她们期盼已久的大熊猫来了一次亲密接触。

......

世界人民为什么喜欢到基地和大熊猫亲密接触，我想有这么几个原因：

一是大熊猫形象非常可爱，憨态可掬，拟人化的动作较多，对人类具有很强的"亲和感"，因而人气旺盛。好莱坞的《功夫熊猫》更是把这种喜爱推向了极致。二是大熊猫是珍稀动物，物以稀为贵，以贵礼见真诚，是一种人之常情。三是联合国世界濒危野生动物基金会的会徽就是大熊猫，成为国际标志的动物，是人与动物和谐关系的象征，说明不同国界的审美是相通的。

据规划，基地附近将建全球首个熊猫主题小镇。在两平方公里范围内，将有酒店、商业街、住宅区、医院等设备，坐拥熊猫文化及生态资源。

地灵人杰

后蜀开国帝王孟知祥

公元 874 年，邢州龙冈一户孟姓人家出生了一个男孩。他叫孟知祥，字保胤。

他的祖父和父亲做过郡校军职，他的伯父和叔父做过节度使，也许是父辈的荣耀光环，让这孩子苍白了——在他成年以前，几乎没有什么值得称道之处，经历贫瘠得如同一张白纸。直至他登基当了皇帝，大家才惊呼：年少不开腔，长大嗨莽莽。

然而，对于孟知祥，后世的评论还是颇为褒贬不一的。

历史评价：姑爷盗国还是乱世英雄？

孟知祥出身在官宦世家，自然受到良好的教育，诗书礼仪与马步弓刀都不含糊。年轻的时候，他随父亲一起紧跟后唐最高领导人晋王李克用，凭着优秀的才干，渐渐被李克用赏识。

沙陀人李克用，别号"李鸦儿"，因一目失明，又号"独眼龙"，在选择女婿这个问题上，的确是"独具慧眼"。李克用在唐末的战乱中占得先机，成为一方枭雄。在李克用手下，邢州龙冈人孟道寂寂无名，但偶然的机会李克用却发现孟道的儿子是个可造之材，便把长女嫁给了孟知祥，还任命他做了左教练使，孟知祥从此有了发展的良好基础。

老丈人眷顾不算，大舅哥李存勖也对孟知祥很是器重。李存勖独掌大权后，非常欣赏孟知祥的才干，让他做权势很大的中门使，这是李存勖身边的要职，但孟知祥却极力推辞，因为他深深地知道伴君如伴虎的道理，而以前的中门使不得善终的教训历历在目。

孟知祥为什么要这么做呢？史载，孟知祥是个城府极深、工于心计的人。他觉得伴君如伴虎，虽然升任中门使，参与军政机要的决策，处理军国大事，而且还负责处理很多宫中事务，连宫中的日常用度也归其管理，是属于心腹重臣，但天威难测。

见孟知祥执意要辞去中门使，李存勖也没有勉强，但要孟推举一个人。孟知祥推荐了郭崇韬，郭崇韬因此很感激他。孟知祥改任马步军都虞侯，是个级别很高的将领。李存勖继位建后唐、灭后梁之后，把都城迁到了洛阳，将太原定为北京，孟知祥被任命为北京留守，全权负责军政事务，相当于北京市市长兼卫戍司令。

这正是：

存勖建唐委重任，迁都留守掌北京。
英雄从此可用武，长袖善舞任驰骋。

925 年，李存勖命其子魏王李继岌与郭崇韬讨伐前蜀。郭崇韬投桃报李，临行前向李存勖推荐孟知祥，称其为平蜀后镇守西川的最佳人选。不久，前蜀灭亡，李存勖任命孟知祥为成都尹、剑南西川节度副大使，行使节度使职权，远赴千里，主政四川。此时看来，当年孟知祥不做中门使的决定是对的。

926年4月，对孟知祥有知遇之恩的大舅哥李存勖在兵变中遇害，亲亲的侄儿李继岌逝于渭南，李克用养子李嗣源篡夺大位，是为后唐明宗。自此，孟知祥不认可李嗣源的法统，也萌生了据蜀称王的念头。他训练兵甲，扩大兵力，增设义胜、定远、骁锐、义宁、飞棹等军，命李仁罕、赵廷隐、张业等亲信分别统率。

于是才有了后来孟知祥据东西两川，建立帝王基业的后事。对于这段历史，后人自是众说纷纭，各有各的看法与评论。

宋人张唐英说孟知祥是乱臣贼子，他指斥道："（孟）知祥以戚里之亲，领三蜀之寄，馆留宫中，日宴卧内，其恩可谓隆矣。……知祥始末臣于后唐，托葭莩之援，阶将相之贵，故当勤王戮力，为国藩辅，而乃然自帝，不复顾忌，迹其素心，其乱臣贼子也。"清末蔡东藩认为："蜀王知祥，乘间称帝，彼既知从厚幼弱，不久必乱，奈何于亲子仁赞，转未知所防耶！观人则明，对己则昧，知祥亦徒自哓哓耳。"

以上两则言论，对孟氏多有贬斥，甚至有人认为后蜀的建立，是"姑爷盗国"。然而，站在历史唯物观的角度看，对一个人物的臧否，要看其是否推动了生产力的发展，是否有利于人民的福祉。实际上，孟知祥在四川兴生产免徭役广植芙蓉，让蜀人至今难以忘怀。《蜀梼杌》论及后蜀之富庶时说："是时蜀中久安，赋役俱省，斗米三钱。"

逸事典故：登基便倒与孟蜀二代而亡

应顺元年（934），孟知祥在成都即皇帝位，国号蜀，史称后蜀。不久，潞王李从珂与唐闵帝争夺帝位，后唐内乱，山南西道节度使张虔钊、武定军节度使孙汉韶归附后蜀。

说起来，张虔钊和孟知祥也是故交。他参军之后，就一直在河东禁军，是孟知祥眼睒着长大的老部下。孟知祥得到张孙二人，连声道："得此二人，若生两翼！"感觉就如同当年陈平弃项羽而投刘邦，许攸离袁绍而归曹操一样。

老孟拉着老部下的手，说起当年河东旧事感极而泣，小张不失时机地向孟知祥举杯致敬，口诵谀辞。其实，老孟患风疾已经一年多了，听此言语，心下激动，血压陡增，中风加剧，竟然当场仆倒，人事不省！醒来已是半身不遂，延宕到秋天，老孟就去世了，享年六十岁，谥号文武圣德英烈明孝皇帝，庙号高祖。

孟知祥登上皇位不久，就龙驭上宾，在民间还有个传说。

说是孟知祥未称帝前，有一个叫癞头的和尚，手持灯檠，在成都城中一路高呼道："不得灯，灯便倒。"人们不明其意，都认为这是个疯和尚。后来，孟知祥登基称帝，七个月之后便死了，人们这才恍然大悟。

同样，对于孟蜀二代而亡，也有一个传说。

说是孟知祥到西川时，见蜀地艰险坚固，便有割据的想法。抵达成都后，夜宿于郊外。有一人推着小车经过，车上的东西都用袋子装着。孟知祥看到后便问："你这车子能装多少袋？"那人回答道："最多两袋。"孟知祥听后，心中很不高兴。后来，后蜀果然二代而国亡，这竟然是一语成谶。

戏说历史：影视作品中的孟知祥面目全非

近年来，美女帅哥云集的历史题材剧穿插后宫争宠、宫廷倾轧，将那早已泛黄的历史搅得活色生香。几年前一部热播电视剧《倾世皇妃》中的后蜀皇帝孟知祥，因其帝国建于成都，更让成都人热捧。但与史书记载相比，已是面目全非……

《倾世皇妃》改编自慕容湮儿人气极高的同名小说，主要讲述了五代十国时期楚国亡国公主马馥雅与蜀国大皇子孟祈佑、北汉大皇子之间的恩怨情仇。剧作者想象丰富，恣意汪洋地把孟知祥演绎成了一个"夺媳""杀子"够狠够毒的坏坯子。有多坏呢？暂且选取几个片段看看：

荒诞桥段一：横刀夺媳。活活拆散长子孟祈佑和楚国公主马馥雅，还要将儿子的意中人纳为自己妃子。和儿子抢媳妇，不顾人伦，够坏吧？

然而历史上的孟知祥却是仁爱有加。《蜀梼杌》记载，孟知祥于925年任成都尹、剑南西川节度使。就任后，发展生产，免除徭役，使百姓生活逐渐好转。成都之所以叫蓉城，和孟知祥有着极大的关系。成都雨水多，雨季城墙极易坍塌，而芙蓉花根系深，可以使城墙免受破坏，孟知祥号召百姓在城墙广种芙蓉，既护城，又成一道景观。

荒诞桥段二：孟知祥死于毒酒。剧中说在封妃大典上，孟知祥一杯毒酒下肚，一命呜呼。真实的史实是，孟知祥是因患病致死，按今天的说法，他应该是突然脑血管破裂导致重度中风，不治而亡。翻遍史书，五代十国时期的楚国众多公主中，无一人与孟知祥及其儿子们有"交集"，这属于典型的拉郎配。

荒诞桥段三：憎恶原配。孟知祥的真爱只有梅妃一人，对原配的皇后极为厌恨。

历史真相上文已经介绍，孟知祥与妻合葬。后蜀历史上根本没有梅妃这个人。孟知祥有两个妻子。一个是他的正配夫人福庆长公主，另一个是董璋之女董氏。福庆长公主幼年就嫁给孟知祥为妻，相伴四十多年。福庆长公主亡故后，孟知祥极为哀痛，用最盛大的葬仪送妻子最后一程。934 年七月，孟知祥病死，与福庆长公主合葬于和陵。

有人说，影视作品都是遗憾的艺术，这部名叫《倾世皇妃》的古装戏，除了以五代十国为背景外，没有一点那个时代的真实史实。它杂糅了唐朝、明朝的宫闱故事，这种特色却不是《倾世皇妃》独有的。近年来，各种历史戏说剧、穿越剧、恶搞剧热度不减，可谓"张飞打岳飞，打得满天飞"，我们作为一个清醒的观众，抱着一种娱乐的心态可以，千万不能当作真实史实看。

南音始祖孟昶

后蜀的文化，对于成都乃至中华文化都是有贡献的。"蓉城"一词来源于此时，中华第一春联也来源于此时。这些文化符号的奠基人，就是后蜀皇帝孟昶和他的皇后花蕊夫人。二位既是文化名人，又是亡国夫妇，他们身上有太多故事可供历史与后人研究。

后主孟昶：你是明主还是昏君？

你别不信，让孟昶尤为愤恨的话，肯定是这句——历史是为胜利者写的。

因为宋人修的《五代史》中，对其言其行的描述是多么地不堪。宋人攻击的"弹药"，多从孟昶的私德入手，如欧阳修说："昶好打球走马，又为方士房中之术。"不仅玩物丧志，而且爱好那一口。

宋太祖赵匡胤为了显示其灭蜀的正义性，用一件所谓的"七宝溺器"将孟昶莫须有地钉在了耻辱柱上。其潜台词是，全天下的百姓你们看，孟昶这厮撒尿都用镶嵌着七宝的尿壶，可见其是何等地奢侈昏庸，我取代他是多么地英明伟大啊。民初的蔡东藩也脱不了窠臼，他也跟着瞎嚷嚷说："蜀主孟昶，嬖幸宠妃，信任庸才，已有速亡之咎，乃反欲勾通北汉，自启战衅，虽欲不亡，其可得乎？"

宋人也有讲实事求是的，如翰林学士张唐英就说："昶幼聪悟才辨，自袭位，颇勤于政，边境不耸，国内阜安。"宋人勾延庆《锦里耆旧传》中大胆直言说："（孟昶）本仁祖义，允文允武，乃天下之贤主也。"

清人对待此事，因为没有切身利害关系，也就要洒脱得多，清代历史学家吴任臣评价说："后主初即位，颇勤政事……性复仁慈柔怀，每决死刑，多所矜减。史言后主朝宋时，自二江至眉州，万民拥道，痛哭恸绝者凡数百人，后主亦掩而泣。借非慈惠素著，亦何以深入人心如此哉？迹其平生行事，劝农恤刑，肇兴文教，孜孜求治，与民休息，要未必如王衍荒淫之甚也。"

《成都县志》有一段文字，是明德元年（934）十二月孟昶下的一道诏令，叫《劝农桑诏》，是一篇最具文艺范儿的诏书。虽为朝廷公文，但整篇诏书全文仅三十八字，简短精练，文中写了植物、鸟虫、器物各两种，用词生动对仗，带着些文人的机巧与雅致。诏书写道：

> 刺史县，令其务出入阡陌，劳来三农，望杏敦耕，瞻蒲劝穑。春鹏始啭，便具笼筐。蟋蟀载吟，即鸣机杼。

戏谑地翻译一下：各级官员听好了，你们的工作就是深入基层，下到田间地头。看见杏花开菖蒲生，你们要把化肥种子送到农民手中，及时耕种不误农时。黄鹂啼鸣，要备好农资迎接农忙。蟋蟀吟唱，要做好手工生产度过农闲。

继位之初，孟昶采取霹雳手段整治权臣，倡导农桑，同时还舆论先行反腐倡廉。在成都，他还注重正面引导，为官员的道德准则立下了一道千古标杆。

在后蜀广政四年（941），文字功夫十分了得的他，亲自铺纸提笔，撰写了一篇名叫"颁令箴"的文字，就是人们所说的"官箴"。

这篇官箴，全文二十四句九十六字。四字句的韵文，朗朗上口，循循善诱、谆谆教导之心溢于言表。随后孟昶下令，颁行于各州各县，作为各级官员恪守的道德规范。

成都人景焕，有《野人闲话》一书，宋太宗乾德三年（965）所作，其首篇就是这篇《颁令箴》，它记载蜀王孟昶作文颁发各地方官，说：

> 朕念赤子，旰食宵衣。托之会长，抚养惠绥。
> 政存三异，道在七丝。驱鸡为理，留犊为规。
> 宽猛得所，风俗可移。无令侵削，无使疮痍。
> 下民易虐，上天难欺。赋舆是切，军国是资。
> 朕之赏罚，固不逾时。尔俸尔禄，民膏民脂。
> 为民父母，罔不仁慈。勉为尔戒，体朕深思。

全文翻译一下：我啊，十分关心百姓，勤于政务，天大黑才吃饭，天不亮就起床。各级官吏啊，希望你们尽心尽力抚养百姓，为他们谋福利。治理地方要争取达到蝗虫不入境、鸟兽懂礼仪、儿童有仁心这三种异事出现的程度。要达到圣人之治，其关键在于官员像弹琴一样，把政务处理得当。驱赶鸡要有理，留下牛也要讲规则。地方治理宽严适度，才能移风易俗扶植正气。切不可盘剥百姓，不让其利益受损。小民容易被虐待，但上天不可被欺骗。田赋收入是国家的切身要事，是军队和国家的依靠。我的赏罚，决不会拖延。你们的俸禄，都是民脂民膏。作为父母官的官员，最需要对百姓仁慈。希望你们以我的劝告为戒，切切体会我的深意。

孟昶的《颁令箴》，可谓言简意赅，内涵丰富，啼血之口，感情真挚。它是古代吏治史上的不朽篇章。拥这样的文字，这样的情怀的皇帝，他像昏君吗？

南音始祖：失之东隅收之桑榆

西楚霸王项羽中了韩信的十面埋伏，自刎于乌江渡，以失败而告终，让刘邦站上了皇权的巅峰。让人们没想到的，历史是个颠倒轮回的跷跷板，世人心中的悲剧情怀，却让项羽登上了历史的英雄榜，《霸王别姬》等"霸王戏"成为众多剧种的传世佳作，这往往是胜利者始料不及的。

刘邦没想到，赵匡胤也没想到。

被赵匡胤灭国，最后毒杀的孟昶，没被打进昏君的狗屎堆，绑上历史的耻辱柱，居然翻盘"活"过来了。孟昶活在了自己曾钟情的音乐之中，被奉为南音始祖。

看到这儿，估计有人会问了，南音究竟是啥呀？

这南音，可以称之为中原古乐遗韵的活化石，2006 年被列入第一批国家级非物质文化遗产名录，2009 年 10 月 1 日福建南音又被联合国教科文组织列入非物质文化遗产代表作名录。因其以丝竹箫弦为乐器，便称"弦管"；又因其流传在今福建泉州为中心的闽南一带，故称"泉州南音";又因其始祖为孟府郎君,所以它还有一个名字叫"郎君乐"。这南管乐者祀奉的乐神,便是后蜀孟昶。

至今世界保留最早的南音著作,是龙海海澄人刊于明朝的《新刻增补戏队锦曲大全满天春》。这里的锦曲,得名就源于孟昶所创造的锦城。孟昶被封为郎君,得享香火,没承想,是拜他的仇人赵匡胤所赐。

话说孟昶死后,花蕊夫人时常思念,便在家中挂一画像日日拜祭。只见画像中人,头戴缨冠,身穿蟒袍,脚蹬皂靴,背硬弓,拿弹丸。面似银盆,二目有神,颔下须髯飘飘,俨然神仙气度。一天,赵匡胤不经通报闯入孟宅,撞破此事。咦,这画中人咋像死鬼孟昶呢?赵匡胤正在纳闷儿,花蕊夫人深施一礼道:"陛下,妾身正在拜蜀地的张仙,为陛下求子祈福。"

不久,果然赵匡胤后宫喜添龙子,龙颜大悦。一道诏令下来,赐画中人为"郎君大仙",享春秋二祭,春祭于农历二月十二日,秋祭于农历八月十二日。由于朝廷的倡导,郎君信仰在民间就传开了,不过朝廷与民间信仰的内涵是不一样的,朝廷祈求的是多子多福,民间拜祭的是乐神郎君。后人写诗咏此事:

> 供灵诡说是神灵,一点痴情总不泯;
> 千古艰难惟一死,伤心岂独息夫人。

就这样,孟昶这个失败者,以逆袭的方式,再一次以神的姿态,活在了民间,并用睥睨的眼光,审视着胜利者。真可谓"失之东隅,收之桑榆"啊！

一个疑问在心头。

泉州远在东南，成都僻在西南。两地八竿子打不着，怎么孟昶就成了南音始祖了呢？再说，孟昶离开出生地成都，最远就到了开封汴梁，根本没机会去到千里之外的闽南。这其中究竟有什么故事呢？

要说这事，真还要从成都说起。

在纷乱如麻的五代十国时期，中原大地战火频仍，你方唱罢我登场，梁唐晋汉周，走马灯似的换着皇朝。而蜀地偏安西南，远离战乱，经济与文化得到了飞速发展。成都得天独厚的温和气候与生态环境，加上成都商业在前后蜀持续繁荣，城市生活丰富多彩，张唐英的《蜀梼杌》记载："村落闾巷之间，弦管歌声，合筵社会，昼夜相接。"五代名僧贯休《寿春节进大蜀皇帝五首》诗云："家家锦绣香醪熟，处处笙歌乳燕飞。"

这一切，与孟昶夫妇大力提倡与创作示范分不开。相传孟昶曾作有《洞仙歌》。苏轼《洞仙歌序》云："余七岁时见眉山老尼，姓朱，忘其名，年九十余，自言尝随其师入蜀主孟昶宫中。一日，大热，蜀主与花蕊夫人纳凉摩诃池上，作一词，朱具能记之。"

这首词叫《玉楼春·夜起避暑摩诃池上作》，词中描绘了夜间和花蕊夫人一同在摩诃池（今天府广场）避暑的场景，也寄托了流光易逝的隐忧。

冰肌玉骨清无汗，水殿风来暗香暖。帘开明月独窥人，敧枕钗横云鬓乱。　　起来琼户寂无声，时见疏星渡河汉。屈指西风几时来，只恐流年暗中换。

在那个时代君主的带动下，上至公卿大臣，下到士民百姓，音乐的发展到了登峰造极的阶段。花蕊夫人的《宫词》中有大量记录这些盛事的诗篇，如孟昶亲力亲为的：

御制新翻曲子成，六宫才唱未知名。
尽将膏篆来抄谱，先按君王玉笛声。

孟昶每有新词，都要谱成曲，一首新曲刚谱成，连曲名还不知道，六宫就在传唱。"舞头皆著画罗衣，唱得新翻御制词"，不仅传唱，还要马上编排舞蹈。还有官方组织的音乐会：

御按横金殿幄红，扇开云表露天容。
太常奏备三千曲，乐府新调十二钟。

"新翻酒令著词章，侍宴初闻忆却忙。宣使近臣传赐本，书家院里遍抄将。""最高指示"出来后，民间紧跟潮流：

才人出入每参随，笔砚将行绕曲池。
能向彩笺书大字，忽仿御制写新诗。

然而，孟昶的政治家、音乐家、文学家的梦，被 966 年的一阵金戈铁马之声敲碎。尽管有"十四万人齐解甲，宁无一个是男儿"的耻辱，但从另一角度看，保留了从历史文化中翻身的火种。

后蜀降宋后，孟昶夫妇被押往汴京，其精心培养的乐工，有一百三十九人被遴选入宋初建立的教坊，他们占教坊总编制的三分之一，成为传承盛唐和五代音乐的中坚骨干。

建炎三年（1129）十二月，南宋朝廷在严峻的局势下，进行了战略疏散，将管理皇族宗室事务的"南外宗正司"和宗室三百四十九人迁徙到远离宋金前线的泉州。一同迁徙的还有大量教坊人员，其中就有部分蜀地宫廷乐师。蜀地音乐在他们的传承下，在南音中保留下来，使得南音带有西蜀宫廷音乐的色彩。顺着赵匡胤的诏令，乐师们也就借坡下驴，把画中人孟昶，称为"郎君爷""孟郎君""孟府郎君"，于是，南音又有了一个称谓叫"郎君乐"或"郎君唱"。

在讲另一种传说之前，我们先看两首诗意雷同的诗。

蜀朝昏主出降时，衔璧牵羊倒系旗。
二十万人齐拱手，更无一个是男儿。

君王城上竖降旗，妾在深宫那得知。
十四万人齐解甲，宁无一个是男儿。

前为后唐王承旨的一首佚名诗，后为花蕊夫人的《述国亡诗》。创作时间，前诗在前，后诗在后，因此人们均认为花蕊因袭前作。国破家亡，面子尽失，为啥还要这般呢？这桩公案背后，似在隐藏一个事实。

那就是，口占一绝，对答大宋皇帝的乃是花蕊替身，而真身早已逃闽。吴任臣《十国春秋》卷五十载，慧妃传云"一云墓在闽崇安"。花蕊夫人，原名徐慧，封慧妃。

这一记载，增添了一道佐证。说劫难来时，孟昶知国破家亡难免，赵氏兄弟绝非良善之辈，为保全花蕊夫人，决定派亲信护送其逃闽避难。护送之李义伯等五人，均为平日孟昶恩宠的乐工。

花蕊夫人从小娇养深闺，如今一路跋涉，翻山越岭，草行露宿。到了福建崇安，花蕊夫人心力交瘁，病死在崇安。五位乐工作挽歌一首，就是今天南音中有名的《三奠酒》。

当然，花蕊夫人之死，传说很广的一种说法，是因触怒了赵光义，而被射杀。

今天，《三奠酒》是南音中送别逝者的经典音乐。南音的弦管人自古以来以"御前清客"的尊贵身份自居，从"御前清客"这一自称，我们不难看出隐含的背景。

后来，李义伯五人分枝散叶，推广弦管，与当地音乐融合形成了南音，并在传承的过程中将孟昶奉为祖师爷，并建郎君庙供奉。今天，在闽西东山县的铜陵镇，就有一座清乾隆年间的郎君庙。

这座古庙深藏在一条幽深的巷子里，庙不大，主殿约十多平方米，包括后院庭堂也就数十平方米。神龛上，坐着一座端庄的神像，面色红润，长须，左右各立有一侍童，一人吹笛，一人打竹板。最令人称奇的是，这座神像居然头戴着古代皇帝才能戴的"冕旒"。据说一同配享的还有孟昶的太子孟喆和大臣赵廷隐。

古风遗存：今天泉州的郎君祭

在今天的泉州，南音遗留下来的乐神信仰及"郎君祭"仪式，包括了"春秋二祭""收徒祭祖""开馆祭祖""拜馆祭祖""求子祭祖"。

林霁秋《礼部·泉南指谱重编》，是最早记载春秋二祭的古文献："帝闻之，即焚香拜祝，传闻后果生子，乃封为郎君大仙，特赐春秋二祭。"这段记载，即上文赵匡胤与花蕊夫人之对话。

南音春祭日，为农历二月十二日，是一年二祭中的"开胃菜"。早上开祭"节节亮"一祝祖师，二求福子。春祭更倾向于求子的习俗。农历八月十二日的秋祭才是祭祀大典，965年的这一天孟昶去世，时年四十七岁。因此，秋祭比较隆重，下午五点开祭，第一纪念祖师升天日，第二祈祷弦管世代相传。秋祭现场，由西向东摆放着"郎君大仙"绘像与案桌供品，象征祖师爷从四川成都来到东闽南泉州。祭礼开始，依次是鸣炮、上香、披红、演奏、跪拜、敬酒、上茶、进果、献三牲、叩首、唱奏、鞠躬、退位等仪式。仪式庄严而浓重，充分体现了南音人对祖师爷孟昶的尊重和敬仰。

无论是春秋二祭还是收徒祭祖，使用率最高的祭曲是《金炉宝篆》。南音乐师们说，这是"郎君大仙"亲自传下来的，是南音人祭祖师的专用曲。《金炉宝篆》魅力何在？我们来看一段歌词：

捧金杯来斟寿酒，诸弟子都来祝寿，愿得寿山福海添寿，子孙犹如螽斯悠久，后裔显耀荣华锦绣。掠只琼花来做酒寿，舞斑衣舞斑衣，殷勤敬酒，且开怀且开怀，沉醉一场。今旦是幸逢庆寿期，蟠桃佳会乐如是，愿得年年福寿再加添。

其实，这些词曲背后，有不被人所注意的隐喻。原来，自宋初画中人被封"郎君大仙"以来，泉州旧唐臣民年年借祭孟昶暗中反宋，又怕惹来杀身大祸，于是利用弦管南音唱"福寿高堂"喻孟昶来怀旧，借歌反宋才是真正的主题，而反宋又是孟昶的心愿，歌词对外行人而言看似称谓混乱，南音人内心却是明明白白的，当然唱得痛快！

在《金炉宝篆》的音乐结构方面，其商调式及曲调色彩柔和、动听、朦胧神秘，似有几分伤感又带几分赞颂，再含几分发泄情感，完全符合泉州旧唐臣民借祭孟昶暗中反宋的情绪需要，此曲千年传下已成弦管南音人祭祖风骨，并在南音传承中形成执着的责任感。

历史关上了国祚绵长之门，让孟昶做了一名亡国之君，而历史又为他开了一扇窗，让他做了一回南音之祖、音乐之神。

混元巾传人肖金凤

　　一位老人，为一种正濒临失传的传统编织工艺，四处奔走，传授技艺。这种工艺叫纱帽制作。这个老人叫肖金凤，今年八十六岁。

　　这是将军碑社区丁芳提供的线索。要问她咋这么清楚情况，因为她是肖婆婆如假包换的亲孙女。

　　2016年6月中旬，在文化专干王刚的带领下，笔者一行来到白莲池社区，见到了刚从五凤溪赶回来的肖婆婆，在门洞的树荫下，她接受了我们两个小时的采访。

　　话说20世纪20代，成都纱帽街上的店招，在风中懒洋洋地飘动。进出铺面的客人也是稀稀拉拉的。

　　这南北中三条纱帽街，早就没有了明清两朝的繁华。特别是明代，朝廷礼制规定，文武百官的工作巾冠就是乌纱帽，因需成市，这儿也就叫了"纱帽街"。到了清代，没了官方订单，盛况不再，但仍苟延残喘地延续着戏剧冠帽及服饰的制作。《锦城旧事竹枝词》记其事：

　　　　蟒袍玉带帽乌纱，锁子黄金亮铠甲。
　　　　出将入相寻常事，行当穿戴细分家。

　　而纱帽，不仅仅是官家的专用品，一种道家平盔也是纱帽工艺制作而成。

张伍合从成都北门外的白莲池，步行二十里来到纱帽街。他踏进一家店铺，老掌柜赶紧帮他卸下包裹，没等张伍合擦擦汗就半带嗔怪地说：

"张伍合，你可来了。你上个月带来的几顶帽子，全卖出去了。"

"真的？"

"这还有假。青羊宫、二仙庵当家道长赞不绝口，派人来问了好几次了。"

张伍合做的平盔，也就是混元巾，是全真教道士所戴的纶巾，顶有圆孔，便于发冠卓然傲立。一般的混元巾是用布帛缝制的，而张伍合的混元巾则是用马尾编织而成的。

混元巾，本是道士九种冠巾之首，马尾编织的混元巾，凉快透气，挺拔有型，自然是"飞机中的战斗机"，是当家道长等宫观高管降妖除魔、设坛斋醮的必备佳品。小道士只有看看的份儿。

记得当年刘备曾摆弄这玩样儿，被诸葛亮批评说伟人应该干伟人的事，殊不知农民张伍合在这个领域也干出了名号。

"张纱帽"这个名字，在纱帽街及成都周边各大宫观叫开了。

张伍合的儿子张光才，耳濡目染也子承父业。1946年，十八岁的肖金凤嫁入张家，接过老人公张伍合的衣钵，开启了一段"坤厚载物"的艰辛人生道路。

开场设店，是那个年代所有货郎的职场理想。挑着担子，走街串巷，日晒雨淋，摇着拨浪鼓，一声吆喝，引来儿童妇女围观，看似浪漫，却透着无数的艰辛与无奈。

在纱帽业的典范街区——纱帽街开场设店，同样是贫农张伍合一生的愿望。为此，他奋斗了整整三十年。

1957年，他的儿子张光才，为他挣脸了。张家终于有了属于自己的一间店铺，店名就用老爷子耳熟能详的名号——张纱帽。而且，张光才在戏剧头饰编织中也崭露头角，有了自己的名号——张网子。

次年，八十多岁的张伍合去世。看着技艺传承后继有人，看着儿子儿媳事业小成，他带着微笑而去。这种微笑，来源于传统农民固有的自信——自己动手，丰衣足食。

而在张伍合去世前两年，一种新的生产方式风起云涌。一家一户的手工业，已经不能满足大工业时代的集体协作，公私合营等新的经济模式应运而生。1958年，在纱帽街开店不到一年的张光才，升级了父亲的理想，跟上国家的大智慧，走上了合作化的道路。那一年，张光才进了由"志泰号""协森和""协泰鑫"等三家合并组成的"前进剧装厂"。这几家厂子，都创办于20世纪20年代，其中"志泰号"的陈志泰、陈绍云父子传承有序，"协森和"梁老九的巾帽做工精细，式样美观，是为川剧名品。在这里，和名匠切磋，张光才的技艺又精进不少。

一年后，一场浩大的灾害席卷中华大地。为解决严峻的吃饭问题，国家提出压缩城市人口，精减企业职工政策。要求城市非农业人口返乡支持农业建设，减轻国家负担。张光才也被动员返乡，回到了白莲池。

帝王将相、才子佳人等戏剧，成了"四旧"，被"革命"的时候，尽管张光才、肖金凤是根红苗正的贫农，但为"封资修"制作服装道具行头，也被视为"帮凶"，无法轻松过关，游街批斗不可免除。精神上的凌辱，皮肉上的疼痛，在张光才夫妇看来，都没什么，最让他们心疼的是——1963年夏天，一场莫名的大火，不仅烧掉了家里的生活用品，更让所有的生产工具和编织材料化为了灰烬。

20世纪70年代中后期，弥漫在社会生活中的紧张空气开始松动。张光才夫妇又回到纱帽街，故地重游。

这一日，正好有几位道人四处打探，见到坐在一店铺门脸外打尖的张氏夫妇，就取下头上的纱帽，问："请问，哪里能做这样的帽子呢？"

真是踏破铁鞋无觅处，得来全不费工夫。道人的一句问话，再次点燃了肖金凤心中曾经的理想。她仰头当即答道："我们就是做这个的。"

回家后，肖金凤找来木材做了新模具，重拾往日的技艺。丢了一二十年，手艺生疏了。第一顶帽子做出来，怪模怪样的，自己都觉得好笑。第二第三顶送到青城山，傅大师看过后，对张光才说：

"你还没恢复到你以前的水平。"

听取意见后，张光才回到家里，又和妻子肖金凤一起切磋研究。这一次，夫妇二人终于满意了，便由肖金凤亲自出马，带上青城山。从此以后，马尾混元巾便越做越好，越做越顺手。

这个时候，肖金凤的名气也越来越大，她在业内也就顺理成章地继承了先人的名号，人称"肖纱帽"。

据肖金凤的儿子张洪生讲，1997年香港回归那年，接到一个来自香港的订单，二十多顶混元巾。制作一顶帽子要花费时间十五天，于是两个儿媳陈春秀、曾明芳也加入进来。后来，美国、韩国的订单也来了。我们看韩剧《大长今》，里面的人物也是戴纱帽的。

如今的肖金凤八十六岁，身体清瘦，思路清晰，语言敏捷，尤其难得的是八十多岁的老人，目光如炬，还能做针线活，这尤为让人惊奇。就连二三十岁的后生小辈都无法望其项背。

一顶道教全真派的马尾混元巾，究竟有多少工序？价值几何呢？

肖金凤的徒弟钟玉英，给我们梳理了一下，她说："一顶混元巾，

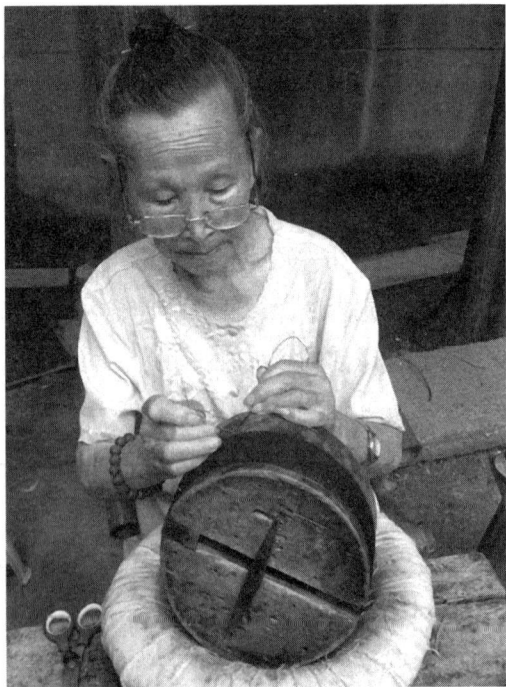

▲ 传统技艺守望者肖金凤　2016 年　钟玉英摄

大约需要经过选料、清洗、染色、定型、起针、中拥、互交、翻顶、顶拥、锁边、消毒、晾干等二十多种工序。"来自牧区的上等马尾料，经过清洗选拣，传统是用五倍子染色，现在用染发剂。根据头围大小定型，这才开始起针，然后才是编织的后续工序。

七星花，因每组花有七个点而命名，是纱帽编织中道教文化体现充分的一个部分，起针后大约有二指宽的一组花纹。

七星崇拜是道教独特的文化现象，道教以北斗为天神加以崇拜，相信通过礼拜七星星君可以达到与神交通的功用，进而祛病延年，与道合真。丘处机等全真七子更是把七星崇拜推向了极致，从而形成了七星阁、七星山、七星阵、七星剑、七星幡等专有名词。

当我们得知耗费一百多小时制作的一项纱帽，价值仅五百元时，也为这小众传统手工产品的未来感到担忧。

据说，全川乃至全国，都很难找到肖金凤这样的传统混元巾编织技艺。而肖婆婆的传人五六人中，目前仅有两人还在继续苦苦坚持。当被问及付出与回报不成正比为什么还要做下去时，钟玉英说，这源于一种信念信仰，这不是物质能替代的。

空军烈士张久华

2009年11月，空军英雄纪念墙在中国航空博物馆落成，在石刻雕塑的左侧英烈墙上，镌刻着为人民空军建设事业英勇牺牲的空勤人员烈士和飞行人员名单。在这份名单中，我们找到了一个名字——张久华，空军某部独立大队长，一位从成华区白莲池走出的空军烈士。

2016年3月，笔者来到成都市成华区白莲池街道的白莲社区采风，经该社区书记廖成发介绍，见到一个叫张久福的人，他就是张久华的幺弟。他向我们讲述了大哥张久华的情况。

在今天白莲社区的辖区内，曾有牛角池和月亮池，它们均以形似而得名。在这两泓水源周边，居住着的几乎全是客家人。其中有一位叫张志彬的民间掌墨师，在当地小有名气，哪家修房造屋、抬梁上架，都能见到他矫健的身影。

然而，上天无眼。1962年，在一场墙塌事故中，他不幸遇难，撒手人寰，家庭的重担留给了妻子黄素珍。张家四男二女需要抚养，最大的孩子张久华二十二岁，已经参军，后面几个弟妹尚未成年。黄素珍靠着给人浆洗缝补，将孩子们拉扯长大，并把四个男孩中的三个送到了部队，成了当地有名的英雄母亲。1957年出生的幺弟张久福，就是其中之一。

白莲社区书记廖成发告诉笔者，他小时候经过张家的院坝，还远远地见过张久华，他的身材和张久福相差无几，约1.65米的中等身材，但精瘦中透着结实与健康。在当时，乡亲们口中还流传过张久华神乎其神的传奇故事。说在 20 世纪 60 年代三年困难时期，家家户户口粮紧张。某一天，一架飞机在黄素珍家屋顶上空嗡嗡盘旋，忽然一个口袋从空中掉落到张家的院坝中，打开一看，是一袋雪白的大米，说是其家长子张久华孝敬母亲的礼物。不过，后来证实这不过是一则传言而已。

据说，黄素珍在丈夫亡故后，咬紧牙关，拉扯几个孩子，在乡里乡亲中赢得了很好的声誉。2009 年黄素珍老人去世的时候，享年八十九岁，乡亲们都来送别。

20 世纪 50 年代，成都市开始中学数字化的规范命名。1957 年，位于青龙场青龙包的一所高完中新建竣工，被命名为成都市四十中。当年，家住附近的张久华以优异的成绩，考入了四十中，惹得许多农村娃投来艳羡的眼光。

要知道，在那个年代，读过高小，也就是相当于今天的小学高年级的人，也就被称之为"秀才"；能考上高中，起码是古代金榜题名的进士了。由此可见，张久华是一个聪明颖慧、学业优秀的年轻人。

1949 年 11 月 11 日，中国空军成立，约在十年后，四川进行了第一批招飞工作。按照规划，中国空军向四川各个中学的高中生都发布了"征集令"，希望优秀青年都到空军部队中去。尽管如此，中国空军不是谁想当就能当，必须符合政治过硬、身体倍棒、文化够好这些条件。特别是政治审查这一关，在那个年代是十分严格的。张久华家是清初来到成都的客家人，几代人都是租种田土的佃农，属于又红又专的贫下中农。

　　因此，通过体格检查、心理品德检测和政治审查等多轮筛选，张久华以学业成绩优秀、身体检测健康、家庭成分贫农等多重考核，终于进入了空军队伍，经过培训，成为翱翔蓝天的飞行员。张久福告诉我说，他大哥考上飞行员那一年，他才是一两岁嗷嗷待哺的小奶娃。

　　据张久福介绍，他大哥张久华服役是在天津杨村，但张久华何时担任独立大队大队长，他并不知晓。一位曾经的战友在网络留言印证了他所言非虚，这位网友写道：

　　　　独立大队！一个无法让人忘怀的英雄集体！20世纪70年代，在杨村，是他们二十个全天候飞行员，十几架歼五甲，守候着祖国的夜空！……夜间值班的主力飞行指挥员，战斗员。更不能忘记……优秀的张久华大队长！

　　至于张久华的殉难，张久福回忆说：1981年，因战友患病休息，四十一岁的大队长张久华替他带新兵夜训，张久华驾驶双座歼-6飞机飞向夜空。

　　这歼-6飞机，是我国仿制米格-19的战斗机，设计升限一万八千米，最快速度1454千米/每小时。该机是中国第一代超音速战斗机，曾是解放军航空兵装备数量最多、服役时间最长、战果最辉煌的喷气式战斗机。虽然歼-6有尺寸小、重量轻、推重比大、爬升率高、俯冲增速快、机动性好等诸多优点，但其超音速状态下操控难度大，却导致了许多事故。

　　张久华带学员冲向云天，飞机在做翻转战术动作的时候，发动机突然空中停车，失去动力，一个倒栽跌下云端，坠毁在地，张久华和新学员英勇殉职。张久华牺牲后，当时为陆军士兵的张久福和母亲一起来到部队。部队首长亲自接见，并告诉黄素珍："您是位英雄的妈妈，养育了一个英雄的儿子。"

回到家乡白莲池后，民政部门将"革命烈士家属证明"送到了黄素珍手上，并年年都派人前来慰问英雄的妈妈。

自 1949 年 11 月 11 日中国空军成立至今，牺牲的烈士总人数达到一千七百三十三名，从成都白莲池走出的张久华就是其中的一位。他的名字，永远镌刻在中国航空博物馆空军英雄纪念墙上，供人瞻仰。最后用一位空六师战友的诗歌《战友》，献给包括张久华在内的空军英雄们。

一眨眼之间我们已经分别多年

为了生活

我们各自忙碌四处奔波

此刻的你又身处何方

我知道

现在时间

对你我来说都太奢侈

要做的事是那么的多

可是时间却总是吝啬

只是在你我

忙里偷闲的时候

来这里

让我们再次一叙那当年的豪情吧

生活日趋琐碎与平凡

然而

我们正是要在这琐碎与平凡之中

创造我们的人生

来自天南地北五湖四海的战友

在这里

我们再次相聚

再次携手

再次并肩

日子

不停地往前飞逝

我只能在心里默默地祝福你我亲爱的战友

祝你

一路走好

道德模范吴永秀

2015 年 10 月 16 日，第五届全国道德模范座谈会在北京举行。来自成华区白莲池街道的吴永秀，以其四十年救人不辍的不凡经历，被授予"全国道德模范"。

东风渠像一条银练，一路逶迤而来，滚滚东去，流经外北的成华区白莲池。20 世纪 70 年代的白莲池，阡陌纵横，人烟稠密，水田、菜地、竹林、池塘……"暧暧远人村，依依墟里烟"，一幅成都平原腹地典型的田园图景。吴永秀自幼生长在白莲池畔，生长在东风渠边。

东风渠水，即使在盛夏，也是浸人肌骨，下水两三分钟，就会冻得人直哆嗦。据说，人在冰凉的水中，三十分钟后就会因患低温症而失去自救的能力；浸在水中一小时，即使获得救援，能够生存的机会也微乎其微。更加上那渠岸是混凝土敷成，光光的连个搭脚的地儿也没有，下去容易，要爬起来，还真是困难重重呢！

年少的吴永秀暗暗在心里发誓：我就不信邪！这小小的东风渠就把人给吓住了？不敢下去游泳，只能说是身体素质不好，游泳技术不过硬吧！假如我苦练游泳，总有一天，我会在东风渠里表现给他们看看！有梦想就会有无穷的动力。吴永秀加入了学校的游泳队，在队里，她是最勤奋的一个，每次训练，她总是早早地到场，做好准备工作，练得比谁都带劲，很快，她就担任了校游泳队队长，当起了队友们的小"教练"，那把式，还真有范儿呢！

　　1975 年的冬天特别寒冷，很多个早晨，冬水田的水面上都结了厚厚的冰。一天下午，吴永秀脚步匆匆，她心里想着："快点回家吧，到家就暖和了。""救命啊！救命啊！"忽然，一声凄厉的尖叫声划破凛冽的天空，"不好！有人落水了！"这个念头在吴永秀脑子里一闪而过，此时围观的人已经挤满东风渠的岸边，大伙儿焦急地商量着对策。忽然，一个小小的身影"扑通"一声就跳进了渠里，奋力向水中挣扎的落水者游去，这人正是吴永秀。12 月的渠水冰冷刺骨，吴永秀很快就觉得身体麻木了，每挥动一次手臂都要竭尽全力。五米，三米，二米……离落水者越来越近了，坚持住，坚持住，一定要坚持住，她在心里鼓励自己。吴永秀一头钻进水里，托起那人的身体，借着水的浮力，猛地将那人举出水面。吴永秀一边将那人奋力推向岸边，一边大声呼救，在乡亲们的帮助下，落水者得救了。

　　那一年，吴永秀十七岁！

　　从十七岁救起一个落水男子那一天起，吴永秀就注定将生命与东风渠、与那些陌生而脆弱的生命联系在一起。三十多年过去了，岁月改变了东风渠两岸的风景。熊猫大道的这边便是东风渠，路的那头就是吴永秀的家，门口附近"禁止游泳"的警示牌显得很新，鲜艳得与周围格格不入。

　　横跨东风渠的是一座钢筋混凝土桥，人们习惯叫它"白莲桥"。桥面上，大货车、轿车、三轮车、电动车、行人挤成一片，往往把行人挤上桥沿，一不小心，就有坠桥的危险。几年前 9 月的一天，一大早，桥上就堵上了。一个奶奶拉着孩子上学，被拥挤的车流挤上了桥沿，被一辆渣土车一别，婆孙俩脚下一个趔趄，掉落渠水当中。

"落水了，有人掉进东风渠了！"吴永秀对这种叫喊声十分警觉，这么多年来，她的耳朵能够十分准确判断事故的紧急程度。她根本来不及多想，不到半分钟，就"蹬蹬蹬"地跑到了呼救声发出的地方。已经快五十岁的吴永秀脚蹬渠岸，跳入水中，迅速靠近婆孙俩。"先救孩子！"她脑海里闪过一个念头，因为孩子体重较轻，趁自己这时体力充沛，在岸边群众的帮助下，孩子能够顺利获救。孩子被她一双大手有力地举出了水面！

奶奶已经在迅速下沉。吴永秀钻到水底，托住她的腹部，缓缓举出水面。她感到十分沉重，自己入水好几分钟了，这一系列动作下来，体力消耗很大。再说，她已经不年轻了，也是做奶奶的人了呢！在周围群众的帮助下，老奶奶获救了！

几年前，我们就在新闻媒体上看到了关于吴大姐的感人事迹，好人就在身边，我们无法沉默。感动之余，我和朋友写了一篇《新史记·吴永秀列传》，赘录如下，以志我们恒久的感动：

> 吴永秀者，成都成华人氏，少习水性。近家有东风渠，轻生者往往投焉。永秀具好生之德，闻讯必遽往，每往必奋不顾身。自一九七五年迄今，救起官民妇孺合一十八人之众。遐迩称曰"救人女侠"。

习水本为健身，唯技娴而性侠者救人。救一人而史不绝书者伙矣，丁壮任侠者亦伙矣。世间有闻卅六年救十八人之奇女子乎？太史公曰：救人一命胜造七级浮屠，此佛家语也，盖称许人之为善。永秀高居塔顶，其光熠熠，永其秀也。

　　赞曰：永秀斯佛！

熊猫爸爸张志和

　　"西塞山前白鹭飞，桃花流水鳜鱼肥。青箬笠，绿蓑衣，斜风细雨不须归。"唐朝著名诗人张志和这首《渔歌子》，风流千古，让世人传唱不衰。一千多年后，一位和他同名同姓的人，也让人难以忘怀，他就是人称"大熊猫再生之父"的动物保护专家张志和博士。

　　张志和，生于1965年，浙江大学生命科学院遗传学专业毕业，博士研究生，研究员。现为成都大熊猫繁育研究基地主任、书记，中国大熊猫繁育技术委员会主任，成都大熊猫繁育研究基金会副理事长兼秘书长，中国动物园协会副会长，国家林业总局大熊猫保护管理咨询专家组成员，四川动物学会副理事长，成都市、四川省及全国青联委员。四川省科技顾问团顾问、四川省学术和技术带头人。获"成都市有突出贡献优秀专家""成都市十大杰出青年"荣誉称号，为国务院特殊津贴专家和"中国十大杰出青年提名奖"获得者。长期从事大熊猫等濒危野生动物保护研究及管理工作。先后主持完成国家重大基础研究前期研究专项项目、国家"863"项目、国家科技基础条件平台项目、四川省科技条件基础平台建设项目、省杰出青年科技基金和国际合作科研项目三十余项，获国家级科技成果奖一项、省部级科研成果奖五项、市级科技成果奖十项，发表五十余篇论文及数本专著。

　　1989年，张志和从北京农学院硕士毕业了，这个从四川大巴山区走出来的普通农家子弟，回到了家乡，开始他的大熊猫研究工作。然而，当时国内大熊猫繁育研究的落后让他忧心忡忡。

1974 至 1993 年，成都共抢救野外病、饿大熊猫六十三只，有 75% 经积极救治得以痊愈放归自然栖息地。但是，由于救护个体健康状况以及野外栖息地状况，最终有六只在成都熊猫基地（原成都动物园斧头山饲养场）进行人工饲养。张志和暗下决心："如果人类连一种动物都无法保护，还何以保护人类自己，我一定要让大熊猫在这里旺盛地繁衍生息。"

"作为世界生物多样性保护的旗舰物种，能不能保护好大熊猫，可以说是我们人类生态环境保护一个重要标志。"在这一信念的驱使下，为了解决人工繁育大熊猫配种难、受妊难和育幼成活难等技术难题，1994 年，张志和提出了"建立国际一流实验室，从胚胎工程技术出发，促进大熊猫人工繁育"的计划。这一计划很快得到了有关部门的大力支持，并成功申请到了三百多万元的科研经费。

然而，对创建一个高水平实验室来说，三百多万元远远不够，张志和精打细算，从实验室规划设计到动工建设、添置设备以及人才招聘等方面，保证把每一分钱都花在"刀刃"上，自己却过着苦行僧般的生活。为了节约开支，他像《创业史》中的梁生宝一样把一分钱掰成两分花，出差常睡在火车座底下。1994 年 5 月的一天，在成都开往西安的火车上，几个小偷发现火车座底下的一个年轻人正在昏睡，暗自窃喜，以他们"丰富的人生阅历"判断出这是一位"农民工"，下手偷窃成功。事后，张志和笑着说："小偷一定很失望，因为当时我身上的全部家当只有 152 元 7 角和一张火车票。"即使因公出国考察或引进项目，他也得扮好几个角色——翻译、门童、谈判员……

　　从接触大熊猫的第一天起，张志和的生活中就只有"大熊猫"三个字，他细心观察大熊猫的喜怒哀乐，熟悉它们的生活规律，不论刮风下雨从不休息，比对自己的亲生儿子还亲，以至于妻子和同事们都戏称他为"熊猫爸爸"。

　　2003年春节前夕，在家仅四天的张志和正陪伴生命垂危的岳父，基地突然传来消息，有四只大熊猫幼仔腹泻便血，并出现绝食现象。张志和心急如焚，他深知大熊猫出血性感染可能带来的致命后果，不得不告别亲人，立即返回基地。

　　经检查，四只大熊猫幼仔同时突发的是罕见的致病性大肠杆菌合并轮状病毒感染，这种病毒的死亡率特别高，而且没有治疗的特效药，只有提高动物自身免疫力来杀灭病毒。但四只幼仔已不能进食，怎样才会有抵抗力和免疫力呢？

　　张志和思考片刻，果断决定给大熊猫输液。为了安抚大熊猫，也为了避免麻醉剂对大熊猫的损害，张志和与基地工作人员只能站立着，一个抱头，四个人分别抱四肢，一边抚慰一边注射。七八个小时过去了，汗水早已湿透了他们的衣衫，手臂酸痛得都快抬不起来了。

　　二十七个不眠之夜，他们就这样坚持了下来，四只大熊猫终于转危为安。抚摩着这些可爱的小家伙，张志和不觉泪如雨下，而其中四个月大的熊猫娅仔也在"熊猫爸爸"的怀里流下了眼泪。

　　张志和的精神感动了一批精锐的胚胎工程专业的研究生，志同道合的他们汇聚成一股新鲜的科技力量，在条件十分艰难的情况下，坚持决不从野外获取野生种群和以科技力量拯救保护大熊猫的根本原则，紧紧围绕大熊猫的繁育，从增加大熊猫种群数量，提高大熊猫种群质量两大方面积极开展科学研究以及科技成果的转化应用，开展了"圈养大熊猫人工授精技术研究""大熊猫生殖相关基因的克隆与表达"等重大研究项目，并很快取得了突破性成就。

率先解决了大熊猫"配种难"。1980年首次使用颗粒冻精人工授精取得成功；2000年试管冻精人工授精取得成功；2004年成功培育出圈养出生本交雄兽"师师"；大熊猫排卵规律的新发现解决了大熊猫适时配种问题，大大提高了大熊猫的产仔率。

率先解决大熊猫"育幼难"。1990年发明了双胞胎育幼技术，使大熊猫幼仔成活率从30%提高到70%，获国家科技二等奖。2006年解决了大熊猫驯化挤乳难题，实现了通过驯化采集大熊猫初乳，确保大熊猫双胞胎幼兽获得足量初乳，使幼仔的成活率从70%提高到了90%以上乃至近年的100%，2006年基地更是人工育活了初生体重仅为五十一克的大熊猫，这是迄今为止全球繁育成活的初生体重最轻的大熊猫幼仔。

三是解决了大熊猫科学饲养问题。建立了科学饲养方式：解决了大熊猫"发情难"——过去所称的发情难背后是科学饲养问题未解决；解决了大熊猫慢性腹泻与营养不良综合征（俗称"僵猫"）；解决了对圈养大熊猫健康危害最突出的疾病；使圈养大熊非正常排"黏液便"的频率显著下降。

张志和主持的"圈养大熊猫亲子鉴定"科研也取得了巨大的成果，科研人员仅用一支棉签在大熊猫口腔里轻轻一涂，就能通过对提取物质进行遗传信息分析，准确找出大熊猫的"父亲"。这一成果能很好地避免圈养大熊猫种群的近亲繁殖，稳定圈养大熊猫数量、质量，促进大熊猫种群品质的提高。

荣誉的背后，是基地主任张志和与他的同事们数年如一日付出的心血和汗水。他们建立了大熊猫基因资源库——为大熊猫遗传多样性以及物种保护建立起了一艘"诺亚方舟"。先后建成全球最大的大熊猫精子库；建成全球唯一的大熊猫细胞库；初步建立大熊猫干细胞库；建立了大熊猫组织样品库。为大熊猫这一濒危物种保护储藏了一笔巨大的财富。

正是在张志和与他的同事们无微不至的关爱和呵护下，成都大熊猫繁育研究基地经过二十余年的发展，依靠科技进步，通过重大科技成果的转化应用，在没有新增一只野外大熊猫种源的情况下，共繁育大熊猫一百一十六胎一百七十二仔，建立了现存一百一十三只的全球最大圈养大熊猫人工繁殖种群。同时，基地还长期致力于抢救治疗野外生病大熊猫和帮助兄弟单位抢救治疗、合作繁殖大熊猫，通过向兄弟单位提供技术交流和支持、交换精液和个体的方式，成功抢救治疗、合作繁育大熊猫，为增加我国大熊猫的数量，扩大大熊猫野外种群做出了突出成绩，在大熊猫迁地保护单位中起到了良好的示范带头作用。

现在，成都大熊猫繁育研究基地已成为国家授予的"国家科普教育基地"和著名的旅游胜地，它的未来必定更加繁荣辉煌。

有言有味

客家方言代代传

四川一百零八县，县县都有土语。

这句成都老话背后的意思，是说四川人的构成复杂多源，而省会成都更是一座移民城市，清末《成都通览》曾记"现今之成都人，原籍皆外省人"。现在的的成都人三四代以上，估计没人敢自称土著，因为大多是从外省迁徙而来的移民。

按照语言学的分类，成都通行的语言，是标准的西南官话，属北方语系。然而，在成都东山一带，却能听到一种声调、发音和词汇都很独特的方言。操这种方言的人，其实是客家人，成都人叫他们为"土广东"，以区别于操粤语的广东人。

成都东山客家学者钟禄元先生说："只要步出成都东门外牛市口，就可以听见那种语言。"四川省社会科学院文学研究所研究员谢桃坊说，这些"土广东"本是汉族的一支民系，保存了汉族的古老语言和文化，在清代初年移民风潮中从粤东北山区经长途跋涉而入蜀。他们散居于四川各地，在成都附近的东山形成了一个较大而集中的客家方言区。在成都遇到客家人时，他们往往自称是"东山上来的"。

成华区境内的客家人，主要是来自福建、广东、广西、江西、湖南的一部分客家移民，带着客家文化千里跋涉，来到成华区境内创业。清代晚期，人口增多，延展到二十六个场镇，光绪年间统计就约计七十余万人。2001年春，据对成都市不完全统计，成都客家人后裔已达四百万人，其中不少分布在成华区。

据资料显示，成华区目前有三十万左右的客家人口，龙潭寺的客家人占总人口的 90% 以上。白莲池街道和龙潭寺街道相邻，同处东山地区，也有为数不少的客家人。

这一带的客家人，牢记"宁卖祖宗田，不丢祖宗言"的遗训，使客家方言完整地保留了上古中原的古音古韵，以及失传的先秦两汉文言文的用语痕迹，因此是古朴的语言"活化石"。

成华客家方言在境内已流传三百多年，至今仍为大多数客家人使用。客家方言的源头可以追溯到元代。宋末元初，社会动荡不安，一些家族迁到广东东北部避难。在偏僻的山区里，他们的语言世代相传。当元代汉语发生变化时，这里的人民仍使用着南宋时的语言。汉语近代音形成后，粤东北保存的古汉语便成了特殊而难懂的客家方言。客家方言实际上是南宋时期汉语的遗存。客家方言在语音、声调、词汇方面都保存了古代汉语的一些特点。有专家总结成都客家方言主要有三大特点：一是客家方言与现在的普通话有些差异，主要是客家方言里有三个声母（唇齿音声母 V、舌根鼻音声母 ŋ、舌面鼻音声母 N）是普通话里没有的；二是客家方言出现了以声母作韵母的现象，如 m（不）、n（表示惊叹）、ŋ（五）等，成都话里有 y 韵母的字，客家人读为"u"。如芋子，客家人说"吴子"，客家方言里也没有 er（儿）化韵；三是客家方言词汇保存了古代书面词汇，如包粟（玉米）、厅下（堂屋）、米果（馍）、面衫（外衣）、地泥（地下）、请了（再见）、婿郎（女婿）、眼汁（眼泪）、食朝（早餐）、张视（理睬）、细子（小孩）、洗身（洗澡）等等。

　　在全国住有客家人的多个省份中，其聚居区大都远离主城区，少数城市有客家杂居区，其语言也被同化得面目全非。而地处中心城区的成华区，自然该受到当地语言文化的侵蚀，但令人称奇的是，在这大都市中的客家群体，却较为完整地保留了客家方言，这在全国也是绝无仅有的。20世纪四五十年代，先后两次被中央政府确定为西南客家方言调查研究样本点，而被海内外学界和侨界广为熟知。

　　成华的客家方言保留着古代文言文用语模式和痕迹，被语言学界称为"古汉语的活化石"。举几个简单的例子，如：

　　把"是"说成"系"，把"你们"说成"汝等"，把"穿衣"说成"着衫"，把"吃早饭"说成"食朝"，把"大腿"说成"髀（骨肉生）"，把"烤火"说成"炙火"等，不一而足。

　　成华境内的客家人，用客家方言唱出的民间歌谣，虽没有音乐伴奏，却娓娓动听，充满幽默的生活气息。如《唔愁新娘娶唔来》：

　　　　李家阿幺好人才，唔烧烟来唔打牌。

　　　　栽秧搭谷样样会，驶牛犁田样样来。

　　　　四邻媒人来讲亲，唔愁新娘娶唔来。

狮子龙灯耀川西

清初，客家人拉家带口入川，不仅带来了别样的生产方式和生活习俗，也将当地传统的娱乐节目一并带了过来。聚居在今天白莲池街道狮子社区的客家人中间，有一支龙灯队，在川西坝子活跃了一百多年，是出道最早传承最久的一支龙灯队伍。

2016年夏，笔者和狮子社区主任范安元和原《青龙乡志》的撰写者朱文贵先生聊起了这个话题。

百年历史：最早的舞龙者渐渐凋零

1945年，日寇投降，举国欢庆。在成都街头，民众纷纷拥上街头自发地组织游行庆祝。来自成都外北狮子包的一支龙灯队伍，最为惹人注目。

舞龙头的人叫曾昭全，只见他十分卖力，龙头飞转，龙身紧随，两只龙睛炯炯有神，如同活灵活现的神龙一般，旁观的市民连声叫好。曾昭全受到鼓舞，心下一震，使出了自己的独门绝招——龙腾虎跃。只见他双腿夹住龙头，团身一跃，原本是稳稳站住，不料脚下一滑，身形不稳，跌坐地上，伤及尾椎。由于当时的医疗条件不足，不久曾昭全去世，成为当地战后非战斗减员的第一人。

据范朱二人介绍，和曾昭全一起舞过龙灯的，前后有十多人，周武贵算一个。周武贵是他们记忆中最早的，应该是在清末民初吧，再上溯狮子龙灯的清晰源头，现在谁也搞不清楚了，但推算其渊源，至少有上百年的历史了。人称川中大儒的刘止唐先生（1767—1855）生活在乾隆、嘉庆、道光、咸丰四朝，在他笔下就记录下了当时成都春节舞龙灯的盛况：

> 东风吹度好笙歌，几处楼台坐绮罗。
>
> 狮子龙灯齐击鼓，欢娱多处是人多。

我们来看一份狮子社区部分老一辈耍龙灯人的名单：

周武贵，已故；

周国松，已故，周武贵之子，1949年后狮子大队大队长；

曾昭全，已故，舞龙头；

叶昆明，已故，锣手；

张先谷，九十多岁，打莲箫；

刘永和，八十一岁，曾参加朝鲜战争；

刘相和，八十岁；

刘祥和，已故；

刘青和，已故；

冯传明，七十岁，鼓手。

上面提到的刘氏四兄弟，不仅是舞龙好手，也是山歌达人。相传，每到民间节令和劳动间歇，客家人常用山歌表达丰富的内心世界。歌词即兴创作，现编现唱，拟人比兴随手拈来，大有先秦诗歌遗存，曲调节奏具有粤湘鄂等地民风，旋律或欢快流畅，或哀婉低沉，或风趣幽默，劳动与爱情是山歌的永恒主题。我们看一首《插秧歌》：

> 大田戟秧行对行，一对鲤鱼地忙忙。
> 我问鲤鱼跑啥子？后面有个打渔郎。
> 大田戟秧行对行，男男女女爽快忙。
> 又说又笑闹嚷嚷，栽了一行又一行。

再欣赏一首《新娘进洞房歌》：

> 左手端果盘，右手捞门帘。
> 朱红箱子亮闪闪，花露水儿冲鼻前。
> 一进新房就铺床，扶了新娘送红娘。

麦克阿瑟有一句名言叫作："老兵不死，只是渐渐凋零。"老一辈的舞龙人慢慢故去，几年前还参加客家山歌拉唱活动的刘氏兄弟，四存其二。而今，"舞龙者"的故事还流传在人们津津乐道的口中，他们传承的基因在客家人的血脉中汩汩流淌，"舞龙人不死，只是渐渐凋零"。后一辈狮子的舞龙人，正在接过前辈手中的龙头，舞动着。

时代春风暖：狮子村率先恢复龙灯表演

一度，狮子龙灯被时代所抛弃，龙头毁了，龙身烧了，所有与此有关的物什都化为了乌有。

冬天远去，春回大地。

20世纪80年代初，一个偶然的机会，他们在锦江剧场破败的库房旮旯里，见到一颗铺满尘埃的龙头被压在各种杂物之下，这是那个时代的漏网之鱼。怦怦怦，埋藏在老艺人心中的那颗心，在春天里开始萌动。

几经商量，狮子村决定花巨资买回来进行修复。花了多少钱呢？据介绍，是整整五百元。在那个年代，大约是一个人一年的工资总和，相当于今天的一二十万呢。

他们找到龙潭扎龙人范宗权，修复了龙身，又扎了两人舞的小金龙，正式成立了龙舞队，开始向下一辈进行传承，也获得村民的热烈追捧，成为狮子村大火特火的一项文化活动。

深厚的底蕴，有序的传承，热情的投入，让狮子的金龙很快又恢复社会影响力，成了川西坝子上远近闻名的第一支龙灯队伍。每到大型活动、传统节日，都由当地主政官员亲点龙睛，成为该活动的压轴节目。此后，洛带的水龙、板凳龙，双流黄龙溪的火龙等，才陆续推出。

1984年，狮子金龙参加了成都市第一届艺术节，据介绍，当年在金牛茶店子表演，观者如云，整条街都被人群轧断。只见两条黄龙青龙大幅度奔跑游走，龙体随着龙头在鼓点的指挥下，时快时慢，高低起伏，左右翻腾，婉转回旋，屈伸绵延，一会儿是8字缠绕步，一会儿游龙入海行，一会儿就地翻滚盘存。这一次，让狮子的客家龙舞赢得了荣光，赚足了人气。

而后，这支龙舞队又参加在人民南路举行的四川省全民健身运动会表演。由于其丰富而独特的客家文化，1995年狮子社区注册了"中华客家第一村"的称号。2007年，成华区第一届非遗节上，俄罗斯媒体对狮子龙灯十分感兴趣，并进行了采访，狮子龙灯更是享誉全球。

2009 年 12 月 24 日，建设路举行开街仪式。作家周明生在《沉浮东方》中，记录下了狮子龙灯的精彩表现，文中写道：

> 建设路横跨一环路和二环路之间，约有两公里长。当晚没有限制交通，看热闹的人很多，可谓万人空巷。街两边的梧桐树上披挂的"满天星"发出梦幻般的星光，街中间亮着雪亮光柱和红色尾灯的汽车车流来来往往，街两边宽敞的人行道上，十四支为仪式造势的游行表演队伍载歌载舞。晚上八点整，建设路开街正式开始。刹那间，欢腾的音乐和喜洋洋的锣鼓同时响起……打头阵的，是两条造型别具一格的客家巨龙，一青一黄，翻滚腾跃，看得人眼花缭乱。……他们游行到哪里，哪里就会掀起欢腾的热浪。

春节龙灯：传统节庆中的客家风俗

关于龙灯的来历，据狮子社区的老人介绍，相传古时候新登基一位皇帝，暴虐无知。其手下有金角老龙，主管雨水。

新皇帝问："老龙，今年夏天酷热，雨水你准备如何分配啊？"

老龙答曰："禀皇上，城外七分，城内三分。"

新皇帝大怒："城内三分，一定热不可耐。"

于是，以不关注民生为由，新皇帝将老龙推出斩首，并严令老龙的儿子按"城外三分，城内七分"降雨。没承想，一次瞎指挥，酿成城内水患，淹死无数。而偌大的城外田地，雨水难及，颗粒无收。民怨沸腾，怨声载道。至此，这新皇帝方才懊悔，命令大臣做龙灯，太子提纱灯耍宝，游街纪念老龙，后来在民间渐渐成为风俗。

狮子社区的金龙，不仅参加大型的节庆活动，还在正月里走街串巷向群众拜年，增添喜庆气氛。在这个环节中，耍灯耍得如何，不是最重要的，关键看耍宝人的机智与口才。

据范安元说，狮子社区的叶常福、叶维福就是耍宝人中的高手，见子打子，张口就来，获得了好评。

比如说，远远地见到龙灯从田坎对面而来，主人家想考验一下口才，便把院子门关上，这时耍宝人就在门外唱道：

> 远看财门大打开，近看财门关拢来。
> 皇帝娘娘下了千斤锁，天上掉下钥匙来。
> 请你主人家把门来开，我的龙灯为你送财来。

这时主人家打开半边门，又等着耍宝人弹他那如簧的巧舌，只听耍宝人唱道：

> 人之初，性本善，
> 主人家的财门，打开一扇留一扇。
> 孟子去见梁惠王，两扇打开又何妨？

主人家于是打开门，把龙灯迎进院来，耍宝人又锣一锤鼓一声地唱起来：

一进财门二进厅，三进四进瓦无声。

上面盖的琉璃瓦，下面点个四方灯。

四方灯红红纸背，拿点清油点明灯。

锣鼓打得响沉沉，来到此处参佛神。

上参三代高曾祖，下参长生土地与灶神。

土地公公戴纱帽，土地婆婆穿罗裙。

满堂神圣我齐参拜，儿子儿孙点翰林。

一般来说，耍龙灯不会计较主人家的打赏，但有的时候，调皮的耍宝人也会为红包的大小"戏弄"两句：

你说我的龙灯耍得丑，请你老辈转过手。

依礼说来我不该争，请你老发个糍粑心。

……

拿得快来发得快，个个儿孙有顶戴。

拿得多来发得多，十个儿子九登科。

三十多年来，白莲池街道狮子社区的舞龙队，已多次参加省、市、区、街道以及社会公益性演出活动。舞龙运动把龙和社区的客家精神融合到了一起。作为龙的传人，这支舞龙队继承了客家人的坚韧、勇敢、不屈。舞龙活动丰富了社区居民文化生活，更延续了客家人的文脉，已经成为白莲池街道狮子社区群众文化的一张名片。

猪肥肉嫩人人夸

猪，在中国传统文化中，是地位十分奇特的动物。人们对它评价，始终处在极其分裂的状态。它可以作为骂人的词汇，如骂人是猪或猪猡，那潜台词是这个人蠢笨、肮脏、下贱……而这种禁忌又流传很广，几乎成为国骂。如果将一地名与猪相关联，一竿子扫倒一大片，那可能形成严重的地域歧视，这是所有良善之辈不愿意看到的。

因此，当我准备写"成华出产的猪"这篇文章时，心里其实是矛盾忐忑的，怕给我脚下这片土地惹来麻烦。这样的担心，我有，当年的老领导也有。但转念一想，猪是十二生肖的压轴宠物，在邮票、动画片中，都是极其可爱卖萌的形象。有小朋友甚至愿意自己是一只猪，大人错愕，殊不知小小心灵中取的就是猪那呆萌的状态——大智若愚。民间有说"脸带猪相，心中嘹亮"，还有"扮猪吃老虎"，这都是寓贬于褒的说法。有鉴于此，笔者我大胆地敲起了键盘。

猪肉摆上成都人的餐桌，大约可以上溯到五六千年以前。当然，那时候就餐也可能是围坐石桌或席地而坐。因为，在金沙遗址就出土了经驯养的家猪骨骼。

而成都的一头猪，第一次出现在名家笔下，那是在一千八年前的西汉。这个人虽然口吃，但不白痴。他分得清什么好吃不好吃，显然是吃货中的"高知"。此人也是成都人，他从小就是学霸，读了大量的书籍，写了大量难以卒读的辞赋，像《甘泉赋》《河东赋》等。

四十多岁的时候，此人北漂长安，因文才得到帝国最高领导人接见，后来安排在国家图书馆——天禄阁，当高级编辑。

此人姓扬名雄，字子云。唐朝刘禹锡《陋室铭》中提到的"西蜀子云亭"，那就是他的"狗窝"。他是司马相如之后，从成都走出去的西汉最著名辞赋家。后人赞曰：歇马独来寻故事，文章两汉愧扬雄。

谁不说咱家乡好，扬雄在其《蜀都赋》中，将家乡成都的好表扬得一塌糊涂。末了，还特意炫耀了"舌尖上的成都"。

究竟有哪些食材呢？

"调夫五味，甘甜之和，勺药之羹，江东鲐鲍，陇西牛羊……"有甜食，有药膳，有江东的鲍鱼，有陇西的牛羊……有今天知道的，更有从没听说过的。

说了半天，那头猪呢？长得咋样？如何金贵？

要说那头猪，就一个字——肥。膘肥体壮，膘有多厚，肉有多精，各自占比多少，没说，不得而知。但按后世成都人对美食的苛求，估计这猪是肥瘦匀称，膘中夹肉，不然入不了吃货扬雄的法眼。

这头猪一个字的体貌特征，让我们找不出更多信息，但它是咋养出来的，惜墨如金的扬雄终于肯多吐了一个字，让我们对此有所了解。

西汉经过文景之治的休养生息后，农业生产得以恢复，南方的水稻产量也上去了。不过，这也是高级动物——人的口粮，别的岂能染指。然而，要怪就怪成都这一片天府之国，物产太丰饶了。这猪竟然是用大米喂养的，而且混有陈谷子烂芝麻的还不行，还要淘洗干净，这哪是喂猪，简直就是伺候先人啊。

笔者唠叨了一大通，人家扬雄究竟说了啥？其实就四个字——粂米肥猪。有人会问，籴米本义不是买米吗？如果是买米喂猪，那就不如用假借义——细淘精洗大米而作饲料，使那肥猪显得千般金贵，也就辜负了成都人的一番苦心，践踏了这头猪的高贵基因。

在扬雄那个年代，那头猪还没有名号。虽然名家大为推崇，但它在海量文献中还是无名氏、路人甲。到了唐肃宗乾元元年（758），川西平原上同时拥有了成都县和华阳县两个处级行政单位。

由于资料阙如，我们只能推测，在此后一千多年中的某个时刻，这个寂寂无名的家伙，完成了今天选秀节目中那些灰姑娘变王后的逆袭。这种逆袭，不是撞大运般的偶然，而是禽畜优良品种自然选育淘汰的结果。大浪淘沙，留下来的都是精华。

这只"精华"，由于广泛养殖于成都县和华阳县周边的广大地区，所以它有了自己基于原产地原则的名号——成华出产的猪。

成华出产的猪的威望有多大？首先，陆游就是个著名的吃货，他"不笑农家腊酒浑，更爱锦里鸡豚味"。我们再看一个历史数据。据清宣统二年（1910），四川劝业道周怀孝创立农会，颁布了猪圈的建设标准。在分县统计中，川西地区存栏的成华出产的猪达一百二多万头，占全川的十分之一。而到了民国时期，成华出产的猪在川西平原农村几乎是家家饲养，户户存栏。据统计，1938年达到了峰值顶端的二百一十七万头。而在此前一年，由许振英、缪炎生等专家在成都主持种猪改良工作，在十数个品种选出三个，成华出产的猪便是其中之一。此后，我国经多次普查，将一百多个地方猪种进行整理归纳，确认了七十六个品种，收入《中国猪品种志》四十八个，其中就有成华出产的猪。《成都通览》说：成都重黑猪，不重花猪；省外多花猪，少黑猪。成都之猪多来自乡下，价均不贵。猪市在牛市口。李劼人在小说《死水微澜》，曾为川西平原的猪画像，他写道：

> 起码在四川全省，可算是头一等好猪。猪种好，全身黑毛，毛根稀疏，矮脚、短嘴、皮薄，架子大，顶壮的可以长到三百斤上下；食料好，除了厨房内残剩的米汤菜蔬成为泔水外，大部分的食料是酒糟、米糠，小部分的食料则是连许多瘠苦地方的人尚不容易到口的碎白米稀饭；喂养得干净，大凡养猪的，除了乡场上一般穷苦人家，没办法只好放敞猪而外，其余人家，都特修有猪圈，大都石板铺地……喂猪的石槽，是窄窄的，只能容许它们仅仅把嘴巴放进去。最大的原则就是只准它们吃了睡，睡了吃，绝对不许它们劳动。

其实，20世纪初，在新都、双流出土的陶猪，足短而肥，后躯丰满，与成都平原现养地方猪种体形相近。对于成华出产的猪这个悠久而优良的品种，乡下的养猪户最有发言权，你看他们怎么传唱的。

> 金钱耳，三道箍，
> 稀毛白皮船底肚。
> 骡子屁股泥鳅尾，
> 羊蹄钉奶成华山产的猪。

在一般人看来，保持血统纯洁，这是维持品种高贵的必由之路。

而在家畜朋友圈中，优良繁衍，往往不能近亲结合，反而要强强联手。新中国成立后，成华出产的猪先后与约克夏、巴克夏、苏大白、克米洛夫、兰德瑞斯等国外品种进行了优良培育。1973年成华出产的猪被列入四川省良种选育规划，1982年四川省标准局发布成华出产的猪标准，1986年收入《中国猪品种志》，2007年成华出产的猪再次成为四川省地方标准。

被重点保护的成华出产的猪，万千宠爱在一身，是十分珍贵的遗传资源，是发展地方特色养猪业的重要品种资源，一系列的耀眼光环，从法律文本上确定了成华出产的猪"名门望族"的江湖地位。

猪肉是回锅肉的唯一食材来源。对于四川人来说，这道菜是治疗味蕾思乡苦的九转神丹。闻着弥漫于席间的香味，温暖、女人和家这样的词汇，就会如跳豆般从脑海中蹦出来。

逆向寻找回锅肉喷香的源头，那得有上好的食材——五花肉，而上好的五花肉，不能太肥不能太瘦，必须是肥瘦兼半。在川西平原上有一句俗话——"家家都有黑毛猪"，这种黑毛猪便是成华出产的猪，全身黑毛、四肢短小、体型膘肥。成华出产的猪就是能提供上好五花肉的主力品种，也就是回锅肉的"最好搭档"。

2016年夏，笔者来到坐落在外北磨盘山下的成都市种畜场，这是专门的成华出产的猪的科研生产场。

据该场工作人员介绍，成都市种畜场作为四川省畜禽良种繁育体系的重要组成部分，是成华出产的猪核心群保护和科研基地。四十年来，成都市种畜场立足于江湖。

有人说，三流企业做产品，二流企业做品牌，一流企业做标准。

成都市种畜场就是靠着制定标准，这最牛最高端的立足之道，确立了江湖仰视的地位。

当问及成华出产的猪做回锅肉喷香可口的原因时，得到的答案是：成华出产的猪皮薄肉嫩，肌肉纤维细腻，精肉和肥肉的比例为二比三，炒出的回锅肉口味独特，色泽红亮，肥而不腻。对此，李劼人先生几十年前就对川西农家出产的猪有更生动形象的描述，他说：

> 比任何地方的猪肉都要来得嫩些，香些，脆些，假如你将它白煮到刚好，片成薄片，少蘸一点白酱油，放入口中细嚼，你就察得出它带有一种胡桃仁的滋味，因此，你才懂得成都的白片肉何以是独步。

据介绍，为开展成华出产的猪传资源保护与利用研究，提高保种选育水平和效率，繁育更多的优良种畜，成都市种畜场将与高等院校合作，利用外血猪种与成华出产的猪杂交筛选，预计在五年内形成具有独立知识产权，并兼具成华出产的猪和外血猪优势的黑猪配套品系。

一里回锅美名扬

在白莲池街道，曾经有一口堰塘，因其一边长约一里，因此叫一里塘。沧海桑田，现今堰塘上修建了熊猫大道。

二十多年前，在一里塘的位置，一位叫钟秀群的人开了一家餐馆，叫作"一里回锅肉"。要想知道一里回锅肉当年的盛况，我们听听知情人士回忆。

当年，一里回锅肉因其菜形独特，色香味俱全，广受"吃货"追捧。"吃货"们往往驱车数十里赶到一里回锅肉，品尝那道闻名乡里的名菜。然而，一里回锅肉这道菜，不是想买就能买。每天午餐晚餐时节，店外顾客云集，排起长龙等候那一道让人垂涎三尺的美食。

饕餮客，是最有耐心的。如同不到长城非好汉一样，不等到一里回锅肉上桌，绝不轻言放弃。等菜上桌，定睛一看，果然不同凡响。只见这盘中的回锅肉，肉片三寸有余，大如手掌，微微卷曲，如同灯盏窝，拈起来薄可透光。辅以本土家常豆豉，以及白面锅盔。

放进嘴里，轻轻一嚼，闭上眼睛回味，只觉得肥而不腻、瘦而不柴、略带辣味、咸中有甜、鲜嫩醇香。

吃过这道菜的人都说，的确与他处的回锅肉不一样。那一里回锅肉的钟老板，又是从哪里学到这手艺的呢？

回锅肉，其创制历史悠久，居川菜之首，是川菜之化身，提到川菜必然想到回锅肉，它是现在川菜考级的首选菜肴。回锅肉之于四川人，颇似老火汤之于广东人，泡菜之于韩国人。过去商店、作坊，在初二、十六"打牙祭"或人们在喜庆节日，或平时人来客往的酒宴时，回锅肉都是必不可少的一道主菜。由于过去它以肥肉为主要材料，故人们又称之为"解馋菜"。

在回锅肉中，川中有名的是连山回锅肉。

在离成都约五十公里的广汉连山镇，是中江古店、金堂官仓、广汉金鱼、德阳八角四界交会之地，从古到今就是四县通衢的商品集散地。现在，让连山镇出名的，更是当地的一种美食——连山回锅肉。

相传，连山回锅肉发源于宋朝，民间又称"熬锅肉"。现连山镇都还流传着著名的传说——"敖秀才梦游太虚，猪八戒传授食经"，"熬"与"敖"字谐音，这也是"熬锅肉"名字的来源。

连山回锅肉，是由广汉市连山供销社餐馆的代木儿兄弟将传统回锅肉改良而成。因其菜形独特，色香味俱全，广受人们追捧，先后被授予或评为"中国名菜""地方特色菜""地方非物质文化遗产"等荣誉，并登上了中央电视台。

1994年的一天，连山供销社餐馆来了一位食客，他叫钟秀群。这位来自成华区一里塘的中年汉子，在这里学会了连山回锅肉。

钟秀群回到白莲池一里塘后，会琢磨的他认为，跟在别人屁股后边走，终究是拾人牙慧，必须改良创新。钟老板在连山回锅肉的基础上，通过精心研究，取其精华，运用现代科学加以总结，进行了一些改变。在食材的选用上，选取半肥半瘦坐墩儿肉，清水煮至八成熟后，晾凉，切成片大薄亮的菜形，将锅内加入适当菜油和猪油烧热倒入肉片，慢火将肥肉熬出油分，卷曲呈灯窝状，即民间所谓的"灯盏窝"，再加入适量蒜苗或者青椒合炒，炒出香味。在佐料上，一里回锅肉加入本土家常豆豉，使之更符合本地人的口味。还创造性地增加了白面锅盔，以缓解部分食客对油腻的不习惯。

对于食客对一里回锅肉的追捧如何，在百度上随便搜索一下一里回锅肉，就有上万条记录。据好事者统计，成都北门的人出门在外，最容易想起来的菜、想得最多的菜便是一里回锅肉，有时候是想到一里回锅肉之后，更添了思乡的念头。

难怪有诗人说：乡愁的滋味是"回锅肉"的滋味，那味道肉香四溢，百步飘香。

客家美食姜汁鸡

宋末元初，某日。

迅速逃离，越远越好。这是白莲池客家美食"姜汁鸡"传承人廖成华的祖辈老廖一家当时最强烈的想法。

身后的城池，火光熊熊，映照天际，元鞑子的弯刀咧开了嗜血大嘴，肆虐了大半个中国。可怖的上帝之鞭，啪啪作响，驱赶着中原士民像羊群一样南向逃亡。

一路南来的官道上，老廖见到很多散落的巾冠与靴袜。无论贵贱，在逃亡的意识上，大家的观念是完全一致的——君子不处危地，高富帅官二代安逸的日子是过不下去了。老廖知道，走在这条道上的，他不是第一人，也不是最后一人。和历史上的数次大迁徙一样，这一次也被称为"衣冠南渡"。

发动战争与规避战火，其实都可以经济学的眼光去打量，怎么打量呢？就看其"价值"的大小，也就是咱老百姓说的——这事儿值不值当。

"市列珠玑，户盈罗绮"，"三秋桂子，十里荷花"，像临安这样的繁华之都，江浙这些富庶之乡，当然是掠夺者的觊觎之地，是战略意义上的高价值目标，战火自然会像石碾一样，反复地碾压。

相反，山高林密的村寨，受荼毒的机会就会大大减少。老廖和他的街坊邻居，聚族逃到了南方偏远的闽粤山区，安居下来。为了与苗瑶侗等当地土著民族相区别，千年以来这里的中原汉人，有了一个共同的名字——客家人。

按照后来一位叫马斯洛的外国人的理论，人最基础的是生存需求，然后才谈得上归属与发展。人没有了生命之虞，接下来的就是考虑最现实的问题——活下去。

在南部山区，虽然没有了临安城中的锦衣玉食，苦是苦了点，但粗食短褐还是可以通过双手获得的。穿，没有绫罗绸缎没关系，兽皮能保暖遮体就好；吃，没有山珍海味也没问题，苞谷棒子能填饱肚子也行；唯一不能缺少的，是一样东西，那就是——盐。

曾经体味过饥饿之苦的苏东坡曾说：

岂是闻韶解忘味，尔来三月食无盐。

盐，不仅是重要的调味品，也是人体不可缺少的元素。按照现代科学研究表明，人摄入盐分过少，会造成体内含钠量过低，从而导致食欲不振，四肢无力，头晕目眩，恶心呕吐等症状。人们据此总结出一句话，叫作——三天不吃盐，浑身打颤颤。

远离战火，生命是保住了，但密林深锁，山峦险峻，溪流阻隔，远离城镇集市，获取食盐也是千难万难。没有盐，咋办？

活人不能被尿憋死，不死总能想出法子。

江南士人原本是不食酸味的。这在北宋庄季裕在《鸡肋编》中有相应记载：江南闽中公私酝酿，皆红曲酒，至秋尽食红糟，蔬菜鱼肉，率以拌和，更不食醋。

但形势比人强，不变通只有死路一条。什么味能替代"盐"呢？

出身大家世族的老廖，博览群书，《黄帝内经》上有一条记载，让他知道此举早有先例可循。《黄帝内经》大意就是这么说的：

> 东方渔民吃得咸，西方百姓吃得腻。
> 北方牧民爱吃奶，南方百姓喜食酸。

秀才不出门，能知天下事。老廖早就把南方的习俗了解得一清二楚，大迁徙之前，老廖将大部分金银细软换作一种山区稀缺品——盐，这还让家人和邻居很是不解。他告诉大家说：

我们要去的地方，在南方深山峻岭之中，山路崎岖，交通不便，严重缺盐，食盐价格贵，有"担米斤盐"之说。当地高山峻岭，洞深水冷，洞多林深，瘴气弥漫，瘟疫肆虐。为了御寒驱邪，强身健体，当地的苗瑶、濮越、荆楚、闽粤等山地部族，只好以酸代盐，久而久之，就养成了喝烈酒吃酸菜的饮食习俗。直到现在，山里的居民仍然一年四季离不开酸食，甚至到了"三天不吃酸，走路打窜窜"的地步。

以酸代盐，究竟有多大的效果？我们举一个后世的极端例子，说是康熙年间（1662—1722）清军征苗，除武力征讨外，还将盐作为战略物资，予以禁绝，严令不得资敌。于是苗人多患水肿病，没承想，苗人大量泡制酸菜予以应对，人们吃后，水肿全消，恢复战力。

再说老廖一家辗转迁徙，一路上也遭遇到劫道，但凭着有"盐"这样的硬通货，居然安全抵达南方的山岭之间，躲避战火。

旧时王谢堂前燕，飞入寻常百姓家。和乌衣巷的老街坊一样，老廖一家，只得老老实实地从平民做起，随时做好逆袭的准备。他们拿出一部分盐，换作了坛坛罐罐，向当地土著学习制作酸鱼、酸肉、酸菜及其他酸性食品。

白手起家的奋斗，经年累月的积淀，数年后，客家人老廖家的庭前屋后满是酸坛，又迎来了众人艳羡的目光。

有人说，某人浑身绑满钞票也不是富翁，多了几口瓦罐，就富啦？

要知道，在当地有"看酸坛，知贫富""瓦罐腌肉鲤，嘉宾宴上珍"的谚语，只要看一看哪家庭院酸坛排列整齐，就知道其家庭的贫富。有首歌谣：不论我郎人品奸，只要郎家酸满坛。

2016 年春，我们到白莲池社区采风，遇见客家人后裔廖成发，午餐席间有一道菜，叫作"姜汁鸡"。

他说，这是地道的客家美食，以前过年节的时候他会亲自下厨，做这道菜。

只见此菜白瓷装盘，微黄的鸡块，浸泡在浓浓的汤汁中。拈一块放嘴里，轻轻一嚼，微微有点酸味，与传统的川菜尚辛香重刺激的麻辣味大相径庭。

据介绍，客家传统餐聚中的高档宴席会摆上八大碗。八大碗包括淡甫肘、水龙丸、姜汁鸡、烧大块、笑包、炖肚肺、冰糖莲、生焖鱼。姜汁鸡就是其中的高档菜肴之一。

上面讲了以酸代盐，下面讲讲以姜入菜，讲讲客家菜中的"姜汁味"。制姜汁是将姜块拍松，用清水泡一定的时间，一般还须加入葱和适量的黄酒同泡，就成所需的姜汁了。为什么要加入姜汁呢？这也与客家人原来的生活环境有关——山高林密，湿重寒深。食料中加入姜汁，一能去腥增香，添加食用的口感，二还可增进血行，驱散寒邪，起到防病治病之效，既是美食又是药膳，不传之后世成为风俗才怪呢。

廖成发介绍说，四川的客家人，每逢年节时都会在家里制作姜汁鸡。先是把宰杀治净的仔鸡放到温水锅里，浸熟后再捞出来斩成块，直接浇上姜汁水便好。这道客家美食鸡肉鲜嫩多汁，姜味浓郁。在廖成发的记忆里，传统的姜汁鸡就是记忆深处最难得的美味。

在成都的餐馆中，经常有一道叫"热窝鸡"的川菜，与姜汁鸡的做法类似。廖成发说，这是客家美食姜汁鸡入川以后的改良版。为了适应四川尚辛香重刺激的麻辣口味，在原来的姜汁鸡的食材中，加入了辣椒、花椒等川菜常见佐料，因而此菜色泽红亮，鸡肉细嫩，在姜醋味略有麻辣鲜香口味。

一种佐料的选用，是一个族群曾经生活环境的艰辛与奋勇抗争的缩影。一道菜的传承，反映一个族群在地理大迁徙中，永不磨灭的精神皈依。从姜汁鸡到热窝鸡，有传承有坚守，也有继往开来的创新。只有知道我们从哪里来，才能明白我们将走向何方。

银鸽湾里乳鸽香

　　这是一个隐匿于市的地方，明清式园林建筑群，颇有一番小苏杭的风味，园林设计很精妙。亭台楼榭小桥流水，曲径通幽。如果你只是从这路过，千万不要被外面那山寨似的招牌给迷惑，里面绝对别有洞天。

　　这是网友笔下的银鸽湾。

　　那这个 2002 年初冬在熊猫大道旁成立的一家餐饮企业，它有着怎样的庐山真面目呢？在一个秋日的下午，我们走进了这个闻名"吃货"界的去处。

　　从大门外看，银鸽湾真的不怎么样，进去以后一看，让我们不由得背诵起《桃花源记》里的语句——"复行数十步，豁然开朗。土地平旷，屋舍俨然，有良田美池桑竹之属。阡陌交通，鸡犬相闻。其中往来种作，男女衣着，悉如外人。黄发垂髫，并怡然自乐"。

　　的确是豁然开朗，有一种"山重水复疑无路，柳暗花明又一村"的感觉。中式园林风格，绿树红花、亭台楼阁、小桥流水……面对此景此情，脑子里无疑会反复呈现"生态、休闲、舒服"等词语。

　　看店名，就知道跟鸽子是分不开的。这里的特色招牌菜，就是烤乳鸽。我们原以为银鸽湾的烤乳鸽，就像别处的鹌鹑一样，干干的，柴柴的，只剩下一层皮儿。端上来一瞧，才知道这鸽子是先卤过再经过烤制的，放一块到嘴里，一嚼，呀，这骨头都酥脆入味，肉就更别提多鲜嫩多汁。外酥里嫩这种词语，已经形容不了它的味道了，还带一点淡淡的果香。虽然外皮已经酥脆，但是里面的肉却无比地嫩滑，汁水丰厚，回味甘甜，这是我们吃过最好的乳鸽。就连走南闯北的朋友也不得不收敛起他一贯挑刺的言语："广东中山石岐乳鸽，也不过如此！"

一旁的小胖已经迫不及待地发微信朋友圈了，我们在朋友圈一看，他写下了这么一行字：

强推！绝对是所吃过最好吃的乳鸽，没有之一！外酥里嫩，鲜嫩多汁，味道微甜，肉质饱满但是绝不油腻！

自发的广告马上引来几条回复：

A. 隐秘于闹市，我还挺喜欢的！

B. 美食与美景并存！

C. 乳鸽一如既往的新鲜，鲜嫩多汁，一扯肉汁跟着滴，外酥里嫩。

D. 烤乳鸽的味道有点微甜但不像是糖的那种甜味，像是某种香料还是药材的甜香。

在银鸽湾的菜单上，还有好多我们没见过的菜式，关于鸽子系列的美食，银鸽湾还有银耳鸽蛋盅，炖得很浓稠也不太甜，是一道适合春天吃的养颜甜品。还有石锅鸽杂，酱香味浓郁，很有水准。

我们在关注银鸽湾的信息时，注意到一位网友博客中的文字，他写道：

很多年前到深圳，高中同桌肥肥请我们吃了顿大排档的乳鸽，味道之鲜美，记忆犹新，后来吃过很多地方的，感觉都比不上那家。

这次到银鸽湾，那里烤乳鸽的味道，直接让我们想起了深圳的那个晚上，想起了他一直在边上坐了几个小时，静静地等我们把工作忙完。这么多年了，我们平均一年见不了一次，电话通不了一个，但什么都不用多说。"君子之交淡如水"的境界不敢说，"一切尽在不言中"还是恰如其分的。这种感觉可遇不可求，就像这个乳鸽的味道，那么多年过去了，我们才第二次吃到类似的感觉。不久我还会再来，哪怕只为这一种味道。

古人有"余音绕梁，三日不绝"的典故。而今，乳鸽味道，让网友想起了多年前的一段友情，这是我们未曾想到的。

后记

　　白莲池是成都最年轻的街道之一，它地处成都北郊三环路外侧，与成都厚重的历史文化有很多关联，但有关线索大多零星散布于史料和口口相传之中。为此，我们翻阅了大量的史料，以期从中找到更多植根于这块土地的文化精髓，随后召开座谈会，深入社区，进行了大量采访。这里要特别感谢白莲池街道原党工委书记赵洪成同志对本书的倡议和组织领导，感谢戴庆云、朱文贵、温启海、范安元等同志提供了大量有价值的线索和资料。由于资料阙如，水平有限，相关文字难免出现错漏，万望见谅。

刘小葵　蒋松谷

2018 年 11 月